Themen und Motive des Romans

→ *Plötzlicher Kindstod* | **SH 9**

→ *Freundschaft* | **SH 38/39**

→ *Erwachsenwerden*

→ *Mutter-Kind-Beziehung* | **SH 43**

→ *Kindheit* | **SH 56**

→ *Rolle der Eltern* | **SH 56–58**

→ *Einsamkeit* | **SH 59**

→ Arbeitsblatt *Experimente* | **Downloadbereich**

→ *Jugendobdachlosigkeit* | **Downloadbereich**

→ Thematisierung *Vergewaltigung* | **Downloadbereich**

No & ich bietet eine große Dichte an Themen, die Anknüpfungspunkte bieten, auch inhaltlich bzw. fächerübergreifend über den Roman hinauszublicken. Aus diesem Grund finden sich sowohl im Schülerarbeitsheft als auch im Downloadbereich weitere Impulsfragen und thematische Vorschläge zur Recherche sowie diverse Arbeitsblätter. Eine tiefergehende Auseinandersetzung mit den einzelnen Themen und Motiven würde den Rahmen dieses Lehrerheftes sprengen – daher werden diese im Folgenden lediglich kurz vorgestellt.

Für die Schülerinnen und Schüler befindet sich im Schülerarbeitsheft auf der Seite 56 eine zentrale Gruppenaufgabe zu den *Themen des Romans* durch das Erstellen eines Themenplakates.

Im Downloadbereich finden Sie unter anderem ein Arbeitsblatt zum Thema *Jugendobdachlosigkeit* sowie einen Bericht zur Arbeit der *Freiburger StraßenSchule* mit weiterführenden Rechercheaufgaben und Denkanstößen für die Jugendlichen.

Zentrales Thema in *No & ich* ist *das Erwachsenwerden* und die Rolle der Familie bei der Adoleszenz, was der Roman anhand der drei (Einzel-)Schicksale von Lou, No und Lucas (siehe SH 42) thematisiert. Jeder der drei Protagonisten lebt in seiner eigenen (Traum-)Welt und hat mit sich und seiner Umwelt zu kämpfen. Auf den ersten Blick aus den unterschiedlichsten Gründen (so unterschiedlich wie die einzelnen Charaktere auch in ihrem Wesen sind), aber bei genauerem Hinsehen wird klar: die *Einsamkeit* (dazu SH 59) und das fehlende Grundbedürfnis Liebe von Seiten der Familien vereint die drei. Dazu gehört auch das Thema *Kindheit* (SH 56), die *Rolle der Eltern* (SH 56–58), die *Mutter-Kind-Beziehung* (SH 43) sowie *zwischenmenschliche Beziehungen* allgemein. Das Thema *Freundschaft* (SH 38/39) zieht sich wie ein roter Faden durch den Roman und wird am Beispiel des *Kleinen Prinzen* anschaulich dargestellt (dazu SH 62).

Auch das Thema *Gewalt* spielt eine wichtige Rolle, obgleich es auf den ersten Blick nur am Rande behandelt wird. Gewalt in Familien und Beziehungen wird konkret in der Vergewaltigung der Mutter Nos; abstrakt in der nicht vorhandenen Aufmerksamkeit, die sich Lou so sehr von ihrer Mutter wünscht, aber nicht bekommt: „Da denke ich, dass Gewalt auch darin besteht, in dieser unmöglichen Geste von ihr zu mir, dieser auf immer steckengebliebenen Geste.“ (S. 234, Z. 4–6). Weiterführende Informationen zum Thema *Vergewaltigung* befinden sich im Downloadbereich. Nicht zuletzt spielt das Thema *Hochbegabung* eine Rolle, da wir als Leser tiefe Einblicke in Lous Seelenleben erhalten, die Fragen aufwerfen: Wie geht Lou mit ihrer Hochbegabung um? Wo und wie nützt ihr die Hochbegabung im Alltag, wo steht sie ihr im Weg? Wir erfahren von Lous eigenartigen Freizeitbeschäftigungen (siehe dazu *AB Experimente* im Downloadbereich), die sich unterscheiden von den Interessen ihrer Mitschülerinnen und Mitschüler.

Weitere Themen, die ebenfalls angerissen werden: die *Armutsschere*, die auseinanderklafft; *Plötzlicher Kindstod* (siehe dazu auch Rechercheaufgabe SH 9); *Traumatisierungen; Prostitution; Alkohol, Drogen, Medikamentenmissbrauch, Abhängigkeit.*

Am Ende bleibt der Leser mit der Frage zurück, mit der sich auch Lou die ganze Zeit über beschäftigt: Sind *die Dinge* wirklich, wie sie sind? Wer bestimmt, was normal und gerecht ist im Leben und was nicht? Welche menschlichen Werte sind uns wichtig?
Auch wenn die genannten Themen auf den ersten Blick negativ behaftet und ein Stück weit auch gesellschaftskritisch sind, so gibt der Roman am Ende dem Leser doch auch Zuversicht mit auf den Weg: durch menschliche Werte wie Hilfsbereitschaft und Nächstenliebe, die im Roman gelebt wurden, durch die Annäherung Lous und ihrer Mutter, die endlich wieder am Leben teilnimmt – vor allem aber in der Person Lous, die reflektiert und gereift aus ihrer Krise herauszugehen scheint.

Der Roman im Überblick

Im Folgenden finden Sie eine kapitelübergreifende Inhaltsangabe. Mit dieser lassen sich grob die Ereignisse und Entwicklungen nachlesen. Eine kapitelweise angelegte Übersicht in tabellarischer Form befindet sich im **Downloadbereich** (die Übersicht *Wie funktioniert der Downloadbereich?* befindet sich auf Seite 64 in diesem Heft), mit Hilfe derer sich detailliert und stichwortartig die Ereignisse und Entwicklungen darstellen lassen. Bei Schreibaufgaben können mit ihrer Hilfe wichtige Textstellen zugeordnet werden.

No & ich

Lou, dreizehn Jahre alt und Einzelgängerin, lebt mit ihrer Familie, die am Tod ihrer kleinen Schwester beinahe zerbricht, in Paris. Da sie hochbegabt ist, hat sie zwei Klassen übersprungen. Bei der Recherche zu einem Referat zum Thema „Die Obdachlosen" trifft Lou die achtzehnjährige No, die auf der Straße lebt.

No wächst Lou ans Herz und zwischen den beiden Mädchen entwickelt sich langsam eine Freundschaft. Lou beschließt, No bei sich aufzunehmen und die Eltern erklären sich damit einverstanden. No blüht auf und die beiden Mädchen verbringen immer mehr Zeit miteinander. Auch Lous Mutter, die seit einer Familientragödie traumatisiert ist und Lou gegenüber keine Gefühle mehr zeigen kann, taut langsam wieder auf und nähert sich No an. No beginnt nach und nach ihre Lebensgeschichte zu erzählen und auch die Mutter öffnet sich und spricht über den Tod ihres Kindes. Schließlich findet No sogar Arbeit in einem Hotel.

Lou freundet sich mit ihrem Mitschüler Lucas an, in den sie verliebt ist. Zusammen mit No verbringen sie viel Zeit gemeinsam und kämpfen gegen die äußeren Widerstände an. Lucas lebt alleine in einer großen Wohnung, da sein Vater ausgewandert und seine Mutter zu ihrem neuen Freund gezogen ist.

Die Arbeitsbedingungen im Hotel setzen No zu und sie beginnt, wieder zu trinken und Medikamente zu nehmen. No muss die Familie schließlich verlassen und kommt bei Lucas unter. Lou und Lucas kümmern sich aufopferungsvoll um No, merken aber zunehmend, dass sie sie nicht retten können. Am Ende beschließt Lou, gemeinsam mit No nach Irland zu gehen. Am Bahnhof jedoch lässt No Lou schließlich wartend zurück und so beschließt Lou wieder nach Hause zu ihrer Familie zurückzukehren.

Der Einsatz des Schülerarbeitsheftes im Unterricht

Unterrichtsorganisation und Vorgehensweise

Es empfiehlt sich, die ersten Kapitel gemeinsam zu lesen und zu erschließen (bis zu Seite 42). Ein erster Lesestopp bietet sich nach dem 6. Kapitel an. In diesen ersten Kapiteln lernt der Leser nicht nur die Protagonistin kennen, sondern vor allem auch ihr Umfeld – Familie, Schule, Freunde. In Kapitel 7 (S. 43–54) erfährt der Leser die Hintergründe für das Verhalten von Lou und ihrer Familie – auch hier bietet sich ein gemeinsames Lesen an. In Kapitel 8 – auf Seite 57 des Romans – setzt der erste Schreibanlass an (SH S. 11 bzw. S. 64). Diese kurze Schreibaufgabe, ein *Hefteintrag Lous*, ist eine erste Auseinandersetzung zur Erschließung der inneren Situation Lous. Ein weiterer Lesestopp wird nach dem 16. Kapitel (S. 91) empfohlen. An dieser Stelle folgt auch ein weiterer Schreibanlass (*Innerer Monolog Lou*, SH 16, bzw. S. 65), der den Schülerinnen und Schülern auch die Möglichkeit geben soll, in die Zukunft Lous zu schauen und mögliche Handlungsweisen aufzuzeigen. Der Wendepunkt des Romans befindet sich in Kapitel 31 (S. 154–159). Auch hier empfiehlt sich ein gemeinsames Lesen. Ein letzter gemeinsamer Zwischenstopp nach Kapitel 51 (S. 244–246) wird ebenfalls nahegelegt. Das Kapitel endet damit, dass No Lou am Bahnhof zurücklässt. In einem Klassengespräch könnte hier gemeinsam überlegt werden, wie die Geschichte weitergehen könnte, bevor gemeinsam die letzten Kapitel gelesen bzw. über das Hörbuch wiedergegeben werden (zum *Einsatz des Hörbuches* im Unterricht siehe auch LH S. 7).
Folgende Vorgehensweise im Hinblick auf die Bearbeitung des Schülerarbeitsheftes wird vorgeschlagen:

Kapitel und Seiten	Vorgehensweise, Blick ins SH
Vor der Lektüre	*Meine Leseerwartungen* Bearbeitung SH 4
Einlesen in den Roman	*Das erste Kapitel* Bearbeitung SH 5
Kapitel 1–6 (bis S. 42)	*Meine Eindrücke und Gedanken ...* Gemeinsames Lesen, Bearbeitung SH 6–9
Nach Kapitel 6 (S. 42)	Lesestopp
Kapitel 7 (S. 43–54)	*Familientragödie Lous* Gemeinsames Lesen, Bearbeitung SH 9
Nach Kapitel 8 (S. 60)	Bearbeitung SH 10–11, Schreibanlass 1 (SH 11, bzw. S. 64)
Nach Kapitel 16 (S. 91)	Lesestopp Bearbeitung SH 15–16, Schreibanlass 3 (SH 16, bzw. S. 65)
Kapitel 31 (154–159)	*Thaïs' Tod* (Wendepunkt) Gemeinsames Lesen
Nach Kapitel 51 (S. 244–246)	Lesestopp

Aussprache der französischen Wörter und Glossar

Für das Verständnis der Vokabeln stellen wir im Downloadbereich des Schülerarbeitsheftes ein Glossar zur Verfügung. Als Hilfestellung für die Aussprache befindet sich dort auch eine phonetisch transkribierte Liste mit Lautschrift sowie ein Link zu unserem YouTube-Video, das die Aussprache der Namen, Orte und Wörter des Romans auditiv vermittelt.

Inhaltssicherung

Die Sicherung des Inhalts erfolgt größtenteils über die Inhaltsübersicht „Meine Eindrücke und Gedanken während der Lektüre" (SH ab S. 6), bei der die Schülerinnen und Schüler eigene Überschriften für die jeweiligen Kapitel formulieren, wichtige Textstellen im Bezug auf die Handlung bzw. die Figuren zitieren und festhalten und *Frage-Antwort*-Aufgaben erledigen. Unterstützende Fragen sollen stichwortartig beantwortet werden, um die Entwicklung und vor allem die Beziehung zwischen den einzelnen Figuren herauszuarbeiten und Schwerpunkte für die inhaltliche Auseinandersetzung mit dem Buch hervorzuheben.

Es soll an dieser Stelle ausdrücklich darauf hingewiesen werden, dass auch eigene, stichwortartige Einträge von Schülerseite gewünscht sind und die Schülerinnen und Schüler nicht alles 1:1 beantworten müssen. Vielmehr ist ein gegenseitiger Austausch zu den Seiten der Inhaltssicherung erwünscht. Viele der Aufgaben eignen sich auch zur Bearbeitung in Partner- oder Gruppenarbeit oder zur Diskussion im Anschluss an die Bearbeitung. Die Schülerinnen und Schüler sollen darüber hinaus auch dazu angeleitet werden, eigene Fragen zu stellen und eigene Interpretationsansätze und Gedanken zu formulieren – was schlussendlich wichtig ist für die Bearbeitung der einzelnen Schreibanlässe und Schreibaufgaben (zu den Schreibanlässen/Schreibaufgaben/übergreifenden Schreibaufgaben siehe LH 59).

Als wiederholende Inhaltssicherung vor der Prüfung bietet es sich an, die Schülerinnen und Schüler eigene kleine **Inhaltszusammenfassungen** zu einzelnen Kapiteln schreiben zu lassen und diese als **Lückentexte** zu gestalten. Auch könnte ein abschließendes **Klassenquiz** durchgeführt werden, bei dem Fragen zum Inhalt gestellt werden (die von der Klasse selbst vorbereitet wurden). Dazu wird die Klasse in zwei Gruppen geteilt. Der Lehrer liest die Frage vor, wer die Antwort weiß, meldet sich. Der Schüler/die Schülerin, welche/r zuerst streckt, wird aufgerufen. Ist die Antwort richtig, bekommt die Gruppe einen Punkt. Ist die Antwort falsch, hat der erste Strecker/die erste Streckerin der anderen Gruppe die Möglichkeit, eine Antwort zu geben. Ist die Antwort richtig, bekommt die Gruppe einen Punkt. Ist die Antwort falsch, bekommt keine Gruppe einen Punkt. Um Ruhe zu schaffen: Wer hineinruft oder stört, wird ermahnt. Wer mehrfach stört, bekommt in der Gruppe einen Punkt Abzug.
Die Punktstände können, für alle deutlich ersichtlich, auf der Tafel notiert werden. Es bietet sich an, die Klasse in ein *Team No* und ein *Team Lou* aufzuteilen. Bei einer Schüleranzahl ab 27 wäre eine Teilung in drei Teams empfehlenswert. *Team Lucas* würde das Dreiergespann vervollständigen.
Musterkärtchen zum Ausdrucken und Notieren der Fragen befinden sich im Downloadbereich.

→ Methode *Blitzlicht* | **LH 31**

→ Methode *Szenisches Spiel* | **LH 37**

→ Methode *Standbild* | **LH 41**

Der Einsatz von Medien im Unterricht

Lektürebegleitendes Hörbuch

Die Angaben beziehen sich auf die Ausgabe mit der ISBN 978-3-869-74034-8. Im Krapp & Gutknecht Verlag zu beziehen über die Bestell-Nr.: HörNo

Nach dem Motto „einfach mal lesen lassen" bietet sich der für die Jugendlichen sehr motivierende Einsatz des Hörbuches an. Zu „No & ich" liegt ein Hörbuch vor, das von Jennipher Antoni gelesen wird und der Textvorlage folgt.
Sofern das Hörbuch vorliegt, kann die Textbegegnung unterschiedlich gestaltet werden. Leistungsschwächere Schülerinnen und Schüler profitieren von einer Kombination mit dem Hörbuch, z.B. während stiller Lesephasen im Unterricht.

Zwei Optionen für den Einsatz des Hörbuches

1. Kombination aus Text und Hörbuch

Ein bewusstes stilles Mitlesen der Schülerinnen und Schüler während des Hörens bringt den Vorteil mit sich, parallel Unterstreichungen/Markierungen wichtiger Stellen/Zitate im Text vorzunehmen und bietet sich somit bei zentralen Textstellen oder besonders schwierigen Passagen an. Die Hervorhebung von Schlüsselstellen wird somit einerseits betont, andererseits besteht die Möglichkeit, Verständnisschwierigkeiten unmittelbar zu thematisieren.

Im Folgenden werden einige Stellen genannt, bei denen sich ein simultanes Hören und Mitlesen anbietet:

Stelle im Buch (Kapitel)	Seiten	Stelle im Hörbuch
Nos Leben auf der Straße (Kapitel 8)	55–60	CD 1, Track 14
Wiedersehen mit No (Kapitel 16)	89–91	CD 2, Track 8
Lous Plan (Kapitel 20)	105–109	CD 2, Track 13
No erzählt ihre Lebensgeschichte (Kapitel 26)	130–135	CD 3, Track 2
Mutter erzählt von Thaïs' Tod (Kapitel 31)	154–159	CD 3, Track 7
Kindheitserinnerungen Lous (Kapitel 45)	211–215	CD 4, Track 9
Aussprache Lou mit ihrer Mutter (Kapitel 47)	221–224	CD 4, Track 10

2. Reines Hörverstehen

Ein reines (Hin-)Hören der Schülerinnen und Schüler erlaubt es zwar nicht, Notizen am Text zu machen, stellt aber für die Jugendlichen eine Erweiterung zum schriftlichen Text dar. Das Vorstellungsvermögen wird angeregt, da die Lesergruppe sich voll und ganz auf das Hören konzentrieren kann. Daher kann diese Methode eingesetzt werden, um beispielsweise gemeinsam den Anfang der Lektüre zu hören und im Anschluss daran Hypothesen zu den im Hörbuch genannten Personen aufzustellen: *Welche Personen werden genannt? Wie sehen die Personen wohl aus? Wie werden sie beschrieben? Wie interagieren sie miteinander? Wie kann man sich die Umgebung vorstellen? Wie scheint die Stimmung zu sein?*

Darüber hinaus kann das reine Hörverstehen auch dafür genutzt werden, die Schülerinnen und Schüler für kreatives Schreiben zu sensibilisieren, wie beispielsweise bei der folgenden Textpassage: Kapitel 17 (S. 92–95): Zunächst wird das Kapitel gemeinsam angehört, um anschließend im Klassengespräch zu erörtern: *In welcher Situation/Stimmung befindet sich die Person? Was ist zuvor geschehen? Welche Entscheidungsmöglichkeiten hat die Person?*

Nachfolgend ein paar Vorschläge von Textstellen, die sich bei der vorliegenden Lektüre für ein ausschließliches Hörverstehen innerhalb des Klassenverbandes anbieten:

Stelle im Buch (Kapitel)	Seiten	Stelle im Hörbuch
Im Klassenzimmer (Kapitel 1)	9–12	CD 1, Track 3
Lous Mitschüler (Kapitel 5)	30–37	CD 1, Track 9
No erzählt ihre Geschichte (Kapitel 9)	61–65	CD 1, Track 15
Das Referat (Kapitel 11)	69–71	CD 2, Track 3
Weihnachtsferien (Kapitel 14)	82–84	CD 2, Track 6
Lou ganz klein (Kapitel 17)	92–95	CD 2, Track 9 (ab Seite 93)
Rückkehr nach Paris (Kapitel 36)	176–179	CD 3, Track 12
Die letzten Kapitel/das Ende (Kapitel 52–55)	247–251	CD 4, Track 17–20

Einsatz der französischen Verfilmung

Der Einsatz des französischsprachigen Films *„No et moi“* im Unterricht bietet sich am Ende der Unterrichtseinheit an und richtet sich hauptsächlich an Schülerinnen und Schüler, die Französisch als Fremdsprache gewählt haben. Ein Untertitel auf Französisch kann ebenfalls mit herangezogen werden. Auch bietet sich eine fächerübergreifende Unterrichtseinheit mit dem Fach Französisch an.

Lösungen zum Schülerarbeitsheft

Kommentierte Lösungen zur Inhaltssicherung mit Hinweisen zu handlungs- und produktionsorientiertem Unterricht

Vor der Lektüre – Meine Leseerwartungen

SH 4

Individuelle Schülerlösungen

Inhaltssicherung

SH 5

Eine tabellarische Übersicht zu den einzelnen Kapiteln finden Sie im **Downloadbereich** (als Kopiervorlage bzw. als digitale Vorlage, die die Schüler auch parallel zum Lesen am Computer/Laptop/Tablet ausfüllen könnten). Diese Übersicht soll den Schülerinnen und Schülern ein späteres Nachschlagen und Zurechtfinden erleichtern. Aufgrund der Vielzahl der Kapitel liegt es nahe, dass die Schülerinnen und Schüler sich die einzelnen Kapitel im Buch durchnummerieren.

Zur Kopiervorlage Inhaltssicherung: Die Schülerinnen und Schüler sollen zunächst die vorgegebenen Kapitelüberschriften den einzelnen Kapiteln zuordnen und sich gleichzeitig durch das Anfertigen von Stichworten mit dem Inhalt des jeweiligen Kapitels befassen. Wichtig ist, dass die Schülerinnen und Schüler die Übersicht parallel zum Lesen ausfüllen.

Einlesen in den Roman – das erste Kapitel

SH 5

b) Da Lou es mag, mit Wörtern zu spielen und diese aufzuschreiben, liegt es nahe, die einzelnen Kapitel aus ihrer Sicht in ihren Worten festzuhalten. Emotionale Titel sind daher erwünscht!

Kapitel 1 | S. 9 –12: ***Individuelle Schülerlösung***

Ort: *Im Klassenzimmer einer Schule*

c)

Personen, die im Kapitel vorkommen	Personen, die lediglich erwähnt werden
• *Lou* • *Lucas (Mitschüler)* • *Monsieur Marin (Lehrer)* • *Axelle Vernoux & Léa Germain (Mitschülerinnen von Lou und Lucas)*	• *Eine junge obdachlose Frau* • *Mutter und Vater von Lou*

d) Lösung zu den Steckbriefen: Siehe LH 35 f.

e) Monsieur Marin: *Er scheint streng („erhobene Braue", S. 9, Z. 3–4), aber zugewandt zu sein: Er möchte Lou nach Stundenende sprechen. Er ist besorgt und gibt ihr den Ratschlag, auf sich aufzupassen.*

f) Referatsthema: *Bericht über eine junge Obdachlose.*

g) Methode: *Sie möchte ein Interview mit einer jungen Obdachlosen führen.*
IDEE Die Schülerinnen und Schüler notieren sich vorab Interviewfragen, die sie einer jungen Obdachlosen stellen könnten. **Tipp:** Vorwiegend offene Fragen stellen, da man hiermit erreicht, dass der Interviewpartner von sich aus mehr erzählt.

h) *Individuelle Schülerlösung*

i) Bedeutung der Zitate.
Lou fühlt sich nicht wohl in ihrer Haut; sie merkt, dass sie anders ist als andere.
Sie möchte am liebsten unsichtbar sein. Sie scheint wenig Selbstbewusstsein zu haben.

SH 6

Meine Eindrücke und Gedanken während der Lektüre

Die Schülerinnen und Schüler sollen während des Lesens die jeweiligen Aufgaben zu den einzelnen Kapiteln bearbeiten und dabei Personen, Orte und (Jahres-)Zeit (sofern angegeben) festhalten. Außerdem wählen sie für jedes Kapitel eine treffende Tagebuch-Überschrift aus der Sicht von Lou. Bei einigen Kapiteln sollen darüber hinaus wichtige Textstellen, Zitate und Symbole notiert werden.

Kapitel 2 | S. 13–18: *Individuelle Schülerlösung*

Ort: *am Bahnhof Gare d'Austerlitz, Paris*

Personen: *Lou und No*

HINWEIS
Bevor das Kapitel gelesen wird, bietet sich eine Bearbeitung des *AB Die wichtigsten Orte – Bahnhof SH 54* an, um die Schülerinnen und Schüler auf die Lokalität Bahnhof einzustimmen, die im Laufe des Romans immer wieder auftaucht und sowohl für No als auch für Lou eine wichtige Bedeutung hat.

AB *Bahnhof* | **SH 54**

a) Erste Begegnung: *No klopft Lou auf die Schulter und bittet sie um eine Zigarette („Fluppe", S. 14, Z. 20)*

b) Dialog: *No stellt plötzlich die Fragen und Lou antwortet (gerade so, als ob No ein Interview mit Lou führen wollte und nicht umgekehrt).*

c) Reaktion Nos: *No scheint wirklich Interesse zu haben, sie fragt nach und interpretiert. Sie scheint intelligent zu sein.*

d) Erste Eindrücke Lous und Nos:

Lou scheint sehr reif zu sein, was sie in diesen beiden Zitaten zum Ausdruck bringt: Sie zeigt sich empathisch und einfühlsam.

No scheint ein (Lebens-)Schicksal mit sich herumzutragen. Sie wirkt auf Lou nicht glücklich.

e) *Individuelle Schülerlösung*

f) Lösung zu den Steckbriefen: Siehe LH 35 f.

SH 7

Kapitel 3 | S. 19–21: *Individuelle Schülerlösung*

Ort: *Klassenzimmer*

Personen: *Lou & Lucas*

Zitat: *individuelle Schülerlösung*

a) Lou spürt, dass
- *Lucas Muller zu den Menschen gehört, die keine Angst vor dem Leben haben.*
- *es eine Verbindung zwischen ihnen gibt („[...], dann werde ich irgendwann diese Gerade ziehen, von ihm zu mir oder von mir zu ihm." Lou, S. 21, Z. 4–5)*

b) Bedeutung des Zitats: *Irgendetwas muss passiert sein, was Lou seelische Schmerzen verursacht. In ihrem Leben scheint etwas zu fehlen, was ihr Kummer bereitet. Mit „abstrakt" meint Lou, dass etwas als unwichtig bezeichnet wird, was aber in ihrem Fall alles andere als nebensächlich ist.*

→ *Lou spielt hier auf den Tod ihrer kleinen Schwester Thaïs an, von dem der Leser aber erst an späterer Stelle erfährt.*

Kapitel 4 | S. 22–29: *Individuelle Schülerlösung*

SH 7

Ort: *am Bahnhof Gare d'Austerlitz*

Personen: *Lou und No*

Zitat: *individuelle Schülerlösung*

a) Gefühle Lous:
- *Sie hat Angst, dass No sie vergessen haben könnte.*
- *Sie scheint unsicher (hat offensichtlich die Situation vorher im Kopf durchgespielt).*
- *Sie hat „[...] Todesangst bei dem Gedanken, ihr (No) gegenüberzusitzen." (S. 23, Z. 1–2)*

b) Reaktion Nos: *überrascht und verwundert; sie reagiert dennoch auf Lous Vorschlag, irgendwo einen Kakao trinken zu gehen.*

c) Lou erschrickt, als sie sieht, *wie schmutzig und müde No aussieht und wie unruhig sie ist.*

d) Lou erzählt
- *von ihrer Klasse,*
- *von Lucas,*
- *von ihrer Sammelleidenschaft,*
- *von ihren Hausaufgaben,*
- *von ihrem Zuhause.*

e) Die beiden Mädchen beschließen, *sich wieder zu sehen.*

Kapitel 5 | S. 30–37: *Individuelle Schülerlösung*

SH 8

Ort: *Klassenzimmer im Gymnasium*

Personen: *Lou, Monsieur Marin, Lucas*

Zitat: *individuelle Schülerlösung*

a) Gedanken Lous:
- *ihre Mitschülerinnen: das Aussehen und die Klamotten der Mädchen, ihr Spiel mit den Jungs der Klasse.*
- *Lou erinnert sich an eine Party, zu der sie eingeladen war, aber aus Schüchternheit und Angst nicht hin gegangen ist und seitdem gemieden wird.*
- *Lou denkt darüber nach, was sie anstellen könnte, um am 10. Dezember (Tag des Referats) nicht anwesend sein zu müssen.*
- *Sie hat Gefühle für Lucas: Ihr wird plötzlich heiß, als Lucas näher kommt.*

b) Lucas kommt auf Lou zu und *beglückwünscht sie zu ihrem Referatsthema.*

SH 8

Kapitel 6 | S. 38–42: *Individuelle Schülerlösung*

Orte: *Bahnhof Gare d'Austerlitz; zu Hause bei Lou*

Personen: *Lou, No; Vater von Lou*

Zitat: *individuelle Schülerlösung*

a) Mögliche Gegenleistung:
Materielle Dinge wie Geld, Essen, Zigaretten.
Oder abstrakte Dinge wie Freundschaft, Zuneigung,jemanden zum Reden.

b) *Die Mutter liegt im Bett, schweigt. Der Vater macht Abendessen, sorgt sich, macht einen traurigen Eindruck, redet viel, wirkt unecht.*

c) Bedeutung von ‚Unterströmung':
Eine Unterströmung ist etwas Unangenehmes. Man ist einer Unterströmung machtlos ausgesetzt: Gefühl von Angst, Hilflosigkeit, Ausgeliefertsein, etwas Gefährliches und Unberechenbares, das permanent da ist und einen mitreißen kann; man ist machtlos dagegen. So scheint sich Lou zwischen ihren Eltern zu fühlen.

d) Was Lou beschäftigt:
- *familiäre Situation: Vater redet Lou Mut zu: „»[...], wir werden einige Zeit warten müssen, bis wir unsere alte Maman wiederhaben. [...] Wir schaffen es.«" (S. 42, Z. 19–21)*
- *das bevorstehende Referat*
- *das Treffen/Gespräch mit No*
- *Lucas*

SH9

Kapitel 7 | S. 43–54: *Individuelle Schülerlösung*

Ort: *zu Hause bei Lou*

Personen: *Lou*

Jahreszeit: *Herbst*

Symbol: *der kleine Holzkasten mit den Erinnerungen an Thaïs*

Zitat: *individuelle Schülerlösung*

a) Lous Alter bei der Geburt von Thaïs: *Lou war 8 Jahre alt.*

b) Nach dem Tod ihrer Schwester: *Lou wurde 4 Jahre lang in einem Internat in Nantes untergebracht.*

c) Bedeutung des Zitats:
Der Tod der kleinen Thaïs scheint ein absolutes Tabu-Thema innerhalb der Familie zu sein: Man darf weder darüber sprechen, noch darüber nachdenken!
→ Der Leser erkennt nun, warum die Mutter so zurückgezogen und verschlossen ist und der Vater, so alleine mit der Situation, verzweifelt.

d) Auswirkung der Tragödie:
- *Lou wurde für 4 Jahre in ein Internat nach Nantes geschickt:* „[...], aber diese Zeit ist ganz in sich zusammengeschrumpft, sie ist leer wie eine unbeschriebene Seite in einem Heft [...]." (Lou, S. 51, Z. 6–8)
- *Lou wünscht sich die Normalität zurück:* „Wochenlang träumte ich, dass er eines Tages das Gaspedal bis aufs Bodenblech durchtreten und uns alle drei gegen die Wand des Parkhauses schleudern würde, für immer vereint". (Lou, S. 52, Z. 9–12); *sie möchte auf ein ganz normales Gymnasium mit ganz normalen Kindern und Eltern gehen.*
- *Lou wünscht sich, so zu sein wie die anderen: Sie spürt, dass sie anders ist aufgrund ihrer intellektuellen Hochbegabung; sie möchte unbekümmert sein (wie es ihrem Alter auch entsprechen müsste). (S. 53)*
- *Das Leben der ganzen Familie hat sich durch die Tragödie verändert: Der Leser versteht jetzt auch, warum Lou zu Beginn (S. 12) davon berichtet, dass die Mutter die Wohnung schon seit Jahren nicht mehr verlassen hätte und der Vater heimlich im Badezimmer weine.*
- *Die Mutter lässt Lou emotional und auch körperlich völlig im Stich – keine Zuneigung/Berührung/Umarmung* (Lou, S. 54, Z. 8: „Nie mehr berührt sie mich mit der Hand [...].")

e) RECHERCHE **Plötzlicher Kindstod**
Warum könnte dies für viele ein Tabu-Thema sein? Traumatisierung?
Ist Lous Reaktion nachvollziehbar? Ist die Reaktion der Mutter nachvollziehbar?
Diskutiert in der Gruppe oder im Klassenverband eure Meinungen und Erfahrungen.

Kapitel 8 | S. 55–60: *Individuelle Schülerlösung*

SH 10

Ort: *im Relais d'Avergne*

Personen: *Lou, No*

Jahreszeit: *Spätherbst*

Symbol: *der holpernde Rollenkoffer Nos*

Zitat: *individuelle Schülerlösung*

a) siehe Lösung Steckbrief LH 35 f.

b) Angst Lous: *Lou fühlt sich in gewisser Weise verantwortlich für No, sie möchte ihr helfen und für sie da sein. Es scheint ihr um mehr zu gehen, als die bloße Recherche für ihr Referat. Sie zeigt echtes Interesse an und Empathie für No.*

c) Leben der Obdachlosen:
Die Angst vor der Nacht; davor, keinen Schlafplatz zu finden. Um eine Notunterkunft zu finden, kann man im Winter den SAMU social anrufen. Wenn man Glück hat, ergattert man dort einen Platz in einer Warteschlange vor Annahmeschluss, um dann in einem verdreckten Raum zu duschen und in einem Bett zu schlafen, das voller Läuse und Flöhe ist. Ansonsten irren die Obdachlosen ziellos umher, umgeben von Kälte, Angst und Gewalt. Zum Aufwärmen ziehen sie sich in Waschsalons zurück oder in Bibliotheken und Bahnhöfe.

SAMU ist der französische Rettungsdienst (Abkürzung für *Service d'Aide Médicale Urgente*)

d) Nos größte, tagtägliche Angst/Schwierigkeit: *einen Schlafplatz zu finden.*

e) Nos nächtliche Unterkunft:
bei Freunden, in einem Zelt/Karton im Obdachlosenlager oder in einer Notunterkunft

f) Nos täglicher Aufenthalt:
in der Metro, in Cafés, in Waschsalons, in Bibliotheken, in Tagesheimen, in Bahnhöfen oder öffentlichen Parks

g)

SH 11

Gefühle Nos	Beispiel/Beleg	Textstelle
ANGST	*vor der Nacht und vor der Frage, wo schlafen*	S. 59/60
MISSTRAUEN	*No traut Erwachsenen nicht*	S. 57/58
SCHAM	*No möchte versuchen, normal zu wirken; während sie erzählt, hat sie den Blick gesenkt und die Hände unter dem Tisch.*	S. 59
EINSAMKEIT	*No unterhält sich mit anderen Obdachlosen, sie teilen sich manchmal Essen, aber: „Auf der Straße hat man keine Freunde."*	S. 57
MÜDIGKEIT	*Lous Beschreibung*	S. 59
LANGEWEILE	*Umherirren, Hin- und Herfahren mit derselben Metrolinie, Zeit totschlagen*	S. 59

IDEE **Bushaltestelle, Bahnhof, Parkbank**

HINWEIS
Diese Aufgabe könnte auch als Projekt in Kleingruppen durchgeführt werden.

h) *Individuelle Schülerlösungen*

i) Bedeutung des Zitats: *Die Menschen auf der Straße sind gezwungen, ihre ganzen Habseligkeiten mit sich zu führen, da sie keinen festen Wohnort haben.*

j) *Individuelle Schülerlösungen*

k) Möglicher Inhalt von Nos Koffer:
Klamotten aus der gemeinnützigen Kleiderkammer oder von Geneviève, ein Schminktäschchen, ein Kinderbuch (Geschenk ihrer Großmutter); vielleicht noch etwas Bargeld, ein Fotos als Erinnerung...?

SCHREIBANLASS 1 **Lou schreibt abends in ihr Heft.** („Auf der Straße hat man keine Freunde.", S. 57, Z. 14)

→ Übersicht *Schreibanlässe und Schreibaufgaben* | **LH 59**

SH 12

Kapitel 9 | S. 61–65: *Individuelle Schülerlösung*

Ort: *Café*

Personen: *Lou, No*

Jahreszeit: *Winter*

Zitat: *individuelle Schülerlösung*

a) Was Lou von No über Obdachlose erfährt:
- *dass es normale Frauen sind, die ihre Arbeit verloren haben oder von zu Hause geflohen sind*
- *Frauen, die verprügelt wurden*

b) Bedeutung „Geschenk":
Lou sieht es als Geschenk an, dass No sich mit ihr unterhält und sie an ihrem fürchterlichen Leben teilhaben lässt – an einem Leben, das so gar nicht dem Leben Lous entspricht. Lou hat das Gefühl, dass es No gut tut, über ihr Leben zu sprechen und dass sie froh ist, Lou zu haben. Denn umgekehrt ist es so: Lou braucht No und ist froh und dankbar, sie getroffen zu haben.

SH 12

Kapitel 10 | S. 66–68: *Individuelle Schülerlösung*

Ort: *im Café*

Personen: *Lou; No*

Jahreszeit/Monat: *Winter/Dezember*

Zitat: *individuelle Schülerlösung*

Wovor Lou Angst hat:
- *Angst, No alleine zu lassen, da das Referat in zwei Tagen ansteht.*
- *Angst, wie es mit No weitergehen wird.*
- *Angst, die Wahrheit über Nos Familie zu erfahren.*

Schreibanlass 2 **Lou schreibt in ihr Tagebuch über ihre Angst.** (S. 68)

→ Übersicht *Schreibanlässe und Schreibaufgaben* | **LH 59**

Kapitel 11 | S. 69–71: *Individuelle Schülerlösung*

Ort: *Klassenzimmer*

Personen: *Lou, Lucas*

Jahreszeit/Tag: *10. Dezember*

SH 13

a) Bedeutung des Zitats:
Es ist ein Appell an die Mitschüler/-innen und Mitmenschen. Lou möchte beweisen, dass es schon genügt, um sich herum zu schauen, um zu sehen, dass etwas nicht in Ordnung ist – um den Lauf der Dinge zu ändern.

b) Bedeutung von „unsichtbarer Stadt": *Weil die Menschen grundsätzlich wegsehen bzw. nicht hinschauen, wenn sie Obdachlose am Wegrand sehen.*

c) Reaktion der Mitschülerinnen und Mitschüler auf Lous Referat:
Sie scheinen beeindruckt, da sie applaudieren.

Kapitel 12 | S. 72–76: *Individuelle Schülerlösung*

Orte: *Bahnhof Gare d'Austerlitz, zu Hause bei Lou*

Personen: *Lou*

Jahreszeit: *im Dezember; zwei Tage vor den Weihnachtsferien*

a) Was passiert ist:
- *Lou hatte sich mit No verabredet, um ihr von dem Referat zu berichten. Aber No erscheint nicht. Lou kommt mehrere Tage in Folge an den Bahnhof, um No zu suchen – vergeblich.*
- *Die Frau vom Zeitungskiosk warnt Lou:* „[…], du solltest nicht mit solchen Mädchen herumhängen. […], sie lebt nicht in derselben Welt wie du, […]." (S. 72, Z. 25 - S. 73, Z. 1)

b) Zuwendungen der Eltern:
- Die Mutter *lächelt Lou an und Lou spürt, wie gut ihr dieses Lächeln tut.*
- Der Vater *schenkt Lou ein Buch, welches sie sich schon lange gewünscht hat.*

c) Metapher:
Lou vergleicht ihr Leben mit der Mathematik: Sie versteht nicht, warum ihre Welt („Untermenge A") keine Schnittmenge mit „anderen Mengen (B, C oder D)" bilden dürfe, sondern, dass man in seiner einen Welt bleiben müsse. Sie möchte sich nicht einfach mit der Erklärung der Frau vom Zeitungskiosk zufrieden geben.

d) Bedeutung des Zitats: *Lou möchte nicht akzeptieren, dass No und sie nicht zusammenpassen, nur weil sie in verschiedenen Welten leben.*

Kapitel 13 | S. 77–81: *Individuelle Schülerlösung*

SH 14

Orte: *Klassenzimmer, Schulhof, Nachhauseweg*

Personen: *Lou, Lucas*

Jahreszeit: *Winter*

a) Inhalt des Kapitels:
- *Lucas spricht Lou nach der Schule an und fragt sie, ob sie mit zu ihm kommen möchte.*
- *Lucas nennt Lou liebevoll „Krümel" (S. 78).*
- *Lou bekommt Panik:* „Wenn man küsst, in welche Richtung muss man dann die Zunge drehen?" (S. 78, Z. 13–14) *und lehnt ab.*
- *Sie denkt über eine mögliche verpasste Chance nach und über die Worte ihres Vaters:* „*Die Dinge sind, wie sie sind,* und gegen viele kann man nichts tun. Wahrscheinlich ist es das, was man akzeptieren muss, um erwachsen zu werden." (S. 81, Z. 2–5)

b) ZEITUNGSARTIKEL **Mouloud, der Obdachlose (S. 79/80)**

→ Hilfestellung/Lösungsvorschlag *Zeitungsartikel* | **Downloadbereich**

c) War der Tod Moulouds vielleicht ein Auslöser dafür, dass Lou beschloss, No bei sich aufzunehmen? „Hunde kann man bei sich aufnehmen, Obdachlose nicht." (S. 89, Z. 25–26) – Diskutiert.
Individuelle Schülerlösung

Kapitel 14 | S. 82–84: *Individuelle Schülerlösung*

Ort: *zu Hause*

Personen: *Lou*

Jahreszeit: *Weihnachtsferien*

Zitat: *individuelle Schülerlösung*

Lous momentane Gefühle:
- *Sie mag Weihnachten nicht.*
- *Sie denkt an No und daran, dass sie allein ist.*

SH 15

Kapitel 15 | S. 85–88: *Individuelle Schülerlösung*

Orte: *Fleischtheke im Auchan-Supermarkt an der Porte de Bagnolet; Zelte hinter der Oper*

Personen: *Lou, Geneviève (Verkäuferin, Freundin von No); Obdachloser hinter der Oper*

Jahreszeit: *Winter*

AB *Paris* | **SH 52/53**

Wo Lou nach No sucht:
- *im Supermarkt bei Nos Freundin Geneviève*
- *bei den Obdachlosen hinter der Oper*
- *bei der Suppenküche in der Rue Clément*

Kapitel 16 | S. 89–91: *Individuelle Schülerlösung*

Ort: *Suppenküche in der Rue Clément*

Personen: *Lou, No*

Jahreszeit: *der letzte Ferientag der Weihnachtsferien*

a) Wo Lou No wieder findet: *in der Schlange einer Suppenküche.*

b) Aufeinandertreffen zwischen Lou und No:
No teilt Lou mit, dass sie sie nicht brauche (S. 90): „»Hau ab, Lou, [...]. Du gehst mir auf den Geist. Du hast hier nichts zu suchen. Das ist nicht dein Leben, verstehst du, das ist nicht dein Leben!“ (S. 91)

c) Reaktion Lous:
- *„Ich möchte ihr sagen, dass ich sie brauche, dass ich nicht mehr lesen kann, nicht mehr schlafen, dass sie nicht das Recht hat, mich so allein zu lassen, [...].“ (S. 90, Z. 26–28)*
- *Lou ist innerlich völlig verzweifelt, sie reagiert zum Teil kindisch-naiv: „[...], ich möchte ihr sagen, dass sie mir fehlt, obwohl sie es ist, der es an allem fehlt, an allem, was man zum Leben braucht, aber ich bin auch ganz allein, und ich wollte sie abholen.“ (S. 91, Z. 1–4)*

d) Veränderung Nos:
Lou erkennt sofort, dass mit No etwas nicht stimmt: Sie beschreibt die „[...] Bitterkeit um den Mund, diesen Ausdruck von Niederlage, Aufgabe.“ (S. 89, Z. 18–19). Es geht No offensichtlich schlechter, ihr Zustand ist besorgniserregend.

e) Ende: *Lou geht davon, verzweifelt und traurig, und muss No zurücklassen.*

SH 16

Kapitel 17 | S. 92–95: *Individuelle Schülerlösung*

Ort: *vermutlich zu Hause bzw. auf dem Nachhauseweg von der Suppenküche*

Person: *Lou*

Jahreszeit: *am Ende der Weihnachtsferien*

Zitat: *individuelle Schülerlösung*

a) Bedeutung des Zitats:
Sie denkt an *ihre Kindheit und daran, wie es ist, immer die Kleinste zu sein: In der Familie ist sie die Kleinste und in ihrer Klasse sowieso. Sie stellt sich die Frage nach dem Sinn ihres Lebens. Es scheint ihr aussichtslos und sie kommt sich klein und machtlos vor.*

b) Bedeutung des Zitats:
Lou meint mit dem Geheimnis den Tod von Thaïs, worüber sie noch nie mit jemandem gesprochen hat. Keiner scheint sich dafür zu interessieren – ihre Eltern am allerwenigsten. Mit No ergeht es ihr ähnlich. Keiner interessiert sich für No.

SCHREIBANLASS 3 **Lou führt einen inneren Monolog.**

→ Übersicht *Schreibanlässe und Schreibaufgaben* | **LH 59**

Kapitel 18 | S. 96–97: *Individuelle Schülerlösung*

Ort: *Schulbus*

Personen: *Lou und Lucas*

Jahreszeit: *Erster Schultag nach den Weihnachtsferien*

Zitat: *individuelle Schülerlösung*

a) Lou hat das Bedürfnis, *Lucas von No zu erzählen. Und davon, wie es in ihrem Zuhause aussieht.*
„[...], wegen all der Trauer, die an den Wänden klebt, [...]." (S. 97, Z. 3–4)

b) Bedeutung des Zitats:
Etwas Klebriges ist nur schwer zu entfernen; es ist immer da: Der Tod von Thaïs lässt sich nicht einfach aus den Räumen und schon gar nicht aus den Gedanken entfernen.

SH 17

Kapitel 19 | S. 98–104: *Individuelle Schülerlösung*

Ort: *Brasserie in der Nähe der Schule*

Personen: *Lou, No*

Jahreszeit: *Winter*

Zitat: *individuelle Schülerlösung*

a) Rückkehr Nos:
Es geht No offensichtlich so schlecht, dass sie Lou braucht. Lou erkennt, dass es No nicht gut geht. „[...], bei ihrem Anblick ist mir, als wäre sie am Ende angekommen, am Ende dessen, was man ertragen kann, [...]." (S. 100, Z. 20–22)

b) Ablauf des Wiedersehens:
No erkundigt sich *plötzlich nach Lous Referat.*
Lou erzählt von *ihren Gefühlen gegenüber Lucas.*
No erzählt von *ihrer großen Liebe Loïc.*

c) Beim Auseinandergehen: *Sie versprechen, sich wiederzusehen.*

Kapitel 20 | S. 105–109: *Individuelle Schülerlösung*

Ort: *zu Hause*

Personen: *Lou, ihre Eltern*

Jahreszeit/Monat: *Winter, Januar*

Zitat: *individuelle Schülerlösung*

a) Wie Lou ihre Eltern überzeugt: *Indem sie die Wahrheit sagt.*

b) Warum sich Lou für die Wahrheit entschließt:
Lou erkennt, dass No in ihrem Zustand gar nicht in der Lage wäre, vor ihren Eltern eine Rolle zu spielen.

c)

SH 18

Teil	Funktion	Inhalt
EINLEITUNG	Das Thema vorstellen:	Ich habe ein junges Mädchen kennengelernt, das auf der Straße lebt und Hilfe braucht.
I. THESE	Die konkrete Idee benennen:	Sie könnte bei uns wohnen, bis sie wieder bei Kräften ist, um sich eine Arbeit zu suchen.
II. ANTITHESE	Selbst Gegenargumente benennen, um sie besser entkräften zu können:	Es gibt Institutionen, die darauf spezialisiert sind und es ist nicht unbedingt unsere Aufgabe, uns darum zu kümmern.
III. SYNTHESE	Die Gegenargumente in die Begründung mit einfließen lassen:	Die Institutionen sind überlastet, weil es zu viele Obdachlose gibt. Zu viele frieren und sterben im Winter auf der Straße.
SCHLUSS-FOLGERUNG	Einen Vorschlag machen:	Was hindert uns daran, es auszuprobieren?

d) Reaktion der Eltern:
„Wir sollten sie kennenlernen." (Mutter, S. 108, Z. 26): Während die Mutter überraschend und plötzlich reagiert, ist der Vater verblüfft über die Reaktion der Mutter.

e) Reaktion der Mutter:
Vielleicht spürt sie in diesem Moment, wie wichtig es für Lou scheint und sie möchte No eine Chance geben.

Kapitel 21 | S. 110–114: *individuelle Schülerlösung*

Orte: Schule; *Lucas' Wohnung*

Personen: *Lou, No, Lucas*

Jahreszeit: *Winter/Januar*

Zitat: *individuelle Schülerlösung*

Wie es dazu kommt, dass Lou Lucas um einen Gefallen bittet:
No taucht tatsächlich wieder vor der Schule auf und macht einen schlimmen Eindruck, sodass Lou Lucas bittet, No bei sich zu Hause duschen zu lassen. Dort gibt Lucas No frische Klamotten. Lou nimmt No schließlich mit zu sich nach Hause.

Kapitel 22 | S. 115–117: *Individuelle Schülerlösung*

SH 19

Ort: *zu Hause bei Lou*

Personen: *Lou, No, Eltern von Lou*

Jahreszeit: *Winter/Januar*

Zitat: *individuelle Schülerlösung*

a) Bedeutung des Zitats:
Ein Statist/eine Statistin ist eine Person, die nur im Hintergrund oder am Rande eines Geschehens steht und keine eigentliche Rolle/Aufgabe hat.

Lou meint damit ihre Mutter, die plötzlich wieder eine Rolle einnimmt: Sie hat gekocht und sich etwas Richtiges angezogen, um No zu empfangen. Das zeigt, dass es ihr wichtig ist und sie sich zusammenreißen möchte, um so normal wie möglich auszusehen und sich so normal wie möglich zu benehmen.

b) Bedeutung des Zitats: *Lou möchte selbst auch nicht mehr alleine sein und sich im Stich gelassen fühlen.*

Kapitel 23 | S. 118–122: *Individuelle Schülerlösung*

Orte: *zu Hause; Schule (ab S. 120)*

Personen: *Lou, No; Lucas (ab S. 120)*

Jahreszeit: *Winter, Januar*

Symbol: *„Parallelwelt“ (S. 119)*

Zitat: *individuelle Schülerlösung*

a) Nos Alltag:
No verbringt fast den ganzen Tag schlafend in ihrem Zimmer und kommt nur dann heraus, wenn Lou da ist, um sich mit ihr über die Schule zu unterhalten. No hilft nach dem Essen beim Abräumen mit, aber die meiste Zeit erholt sie sich.

b) Was meint Lou mit diesen Vergleichen?
Dass man die Augen vor der anderen Welt (= den Obdachlosen) verschließt, weil man es nicht wahrhaben möchte. Dabei gibt es nur eine Welt.

SH 20

c) Reaktion Lous:
- *unsicher*
- *Lou stellt sich selbst die Frage, was ‚Zusammensein‘ eigentlich bedeutet.*

d) Bedeutung:
Lou: ein Pakt zwischen ihnen, also eine Art Bündnis oder ein Vertrag.
No: Scheint Angst davor zu haben, von Lou im Stich gelassen zu werden und stellt daher diese Frage immer wieder.

e) Reaktion Lous: *Lou ist naiv und glaubt nicht das, was andere sagen; es interessiert sie nicht. Sie möchte es gar nicht hören.*

f) Bedeutung des Zitats:
Lous körperliche Größe einerseits, aber ihren Weitblick und Dickkopf andererseits. Er traut sich nicht, ihr zu widersprechen, weil er sie insgeheim bewundert für ihre Meinung!

Kapitel 24 | S. 123–125: *Individuelle Schülerlösung*

Ort: *zu Hause*

Personen: *Lou, No*

Jahreszeit: *Winter, Januar*

Zitat: *individuelle Schülerlösung*

a) Veränderung Nos:
No beginnt, ihr Zimmer zu verlassen: Sie geht einkaufen, hilft im Haushalt mit und wenn sie tagsüber das Haus verlässt, ist sie abends um sieben pünktlich zurück. Außerdem wirkt sie nicht mehr so zerbrechlich wie anfangs: Sie wird kräftiger und ihr Gang aufrechter. Sie lacht und summt – es scheint ihr gut zu tun.

b) Trotzdem ist Lou nachdenklich: *„[...] ich weiß nicht, was ihr durch den Kopf geht, ich weiß nichts." (S. 125, Z. 25–26). Sie macht sich nach wie vor Sorgen um No, da sie auch so wenig über sie weiß.*

Kapitel 25 | S. 125–129: *Individuelle Schülerlösung*

SH 21

Orte: *Schule; bei Lucas zu Hause (ab S. 128)*

Personen: *Lou, Mitschüler, Monsieur Marin, Lucas, No (ab S. 127)*

Jahreszeit: *Winter, Januar*

Symbol: *Messersammlung von Lucas (S. 129)*

Zitat: *individuelle Schülerlösung*

a) Lou ergreift Partei *für ihre Mitschülerin Axelle, die von Monsieur Marin gedemütigt wird.*

b) Später bei Lucas zu Hause erzählt er *von seinen Eltern und wie es dazu kam, dass er alleine in der großen Wohnung lebt.*

Kapitel 26 | S. 130–135: *Individuelle Schülerlösung*

Ort: *zu Hause*

Personen: *Lou, No, Lous Mutter*

Jahreszeit: *Winter, Januar*

Zitat: *individuelle Schülerlösung*

HINWEIS
Inwiefern Sie als Lehrerinnen und Lehrer dem Thema *Vergewaltigung* Raum in Ihrem Unterricht geben, hängt von verschiedenen Faktoren ab. Um Ihnen die Entscheidung zu überlassen, ob Sie dieses sensible Thema im Unterricht ansprechen möchten, haben wir im Schülerarbeitsheft auf einen entsprechenden Hinweis verzichtet. Materialien stehen für Sie im Downloadbereich zur Verfügung.

→ Thematisierung im Unterricht: *Vergewaltigung* | **Downloadbereich**

a)

Nos Weg zurück ins normale Leben	Mutters Weg zurück ins normale Leben
Sie kommt zu Kräften, legt an Gewicht zu.	Sie kocht wieder.
Sie sucht sich Arbeit.	Sie liest Zeitschriften und Bücher.
Sie lacht, summt.	Sie besucht Ausstellungen, verabredet sich mit Freunden.
Sie hilft im Haushalt mit.	Sie zieht sich an, sie macht sich die Haare, schminkt sich.
Sie geht einkaufen, zur Post.	Sie spricht wieder.
Sie beginnt, von ihrer Vergangenheit zu erzählen.	Sie stellt Fragen und interessiert sich.

SH 22

SCHREIBANLASS 4 **Lou bemerkt die Veränderungen ihrer Mutter und Nos: Gespräch mit dem Vater.**

→ Übersicht *Schreibanlässe und Schreibaufgaben* | **LH 59**

b) Warum kommt Lou dieses Zitat in den Kopf?
Weil No ihr immer wieder die Frage stellt, ob sie ihr vertraue. Lou misstraut No – vielleicht auch, weil sie spürt, dass No es schafft, ihre Mutter aus ihrer Trauer zu locken, was ihr – Lou – angeblich die ganzen letzten Jahre nicht gelang. Lou scheint eifersüchtig auf No. Eifersüchtig auf die Nähe, die sich zwischen No und ihrer Mutter entwickelt.

Kapitel 27 | S. 136–140: *Individuelle Schülerlösung*

Orte: *zu Hause bei Lou und bei Lucas zu Hause*

Personen: *Lou, No, Lucas*

Jahreszeit: *Winter, Januar*

Zitat: *individuelle Schülerlösung;*

Was in Lou vorgeht:
Lou genießt die Stunden, die sie gemeinsam mit No in Lucas' Wohnung verbringen, wo sie sich frei fühlen und vor der Welt geschützt – geschützt vor dem harten und schwierigen Leben. Lou scheint jedoch eine Vorahnung zu haben, dass das alles nur von kurzer Dauer sein könnte; sie möchte sich diese schönen Bilder als Erinnerung bewahren.

Kapitel 28 | S. 141–145: *Individuelle Schülerlösung*

Orte: *zu Hause, bei Lucas*

Personen: *Lou, No Lucas*

Jahreszeit: *Winter, Januar*

Zitat: *individuelle Schülerlösung*

a) Endlich findet No *Arbeit in einem Hotel.*

b) Zwischen Lou und Lucas *scheinen sich Gefühle zu entwickeln, sie treffen sich immer öfter auch alleine, bevor No dann abends nach ihrer Arbeit zu ihnen stößt.*

Kapitel 29 | S. 146–150: *Individuelle Schülerlösung* SH 23

Ort: *zu Hause*

Personen: *Lou, No, Lous Mutter*

Jahreszeit: *Winter, Januar*

Zitat: *individuelle Schülerlösung*

No erzählt Lous Mutter und Lou weitere Details aus ihrer Vergangenheit. Was meint Lou damit, wenn sie davon spricht, dass es ihr Stiche versetzen würde, wenn ihre Mutter sich mit No unterhält? (S. 150)
Lou spürt Eifersucht, da ihre Mutter nie so mit ihr spricht, wie sie das mit No macht.

Kapitel 30 | S. 151–153: *Individuelle Schülerlösung*

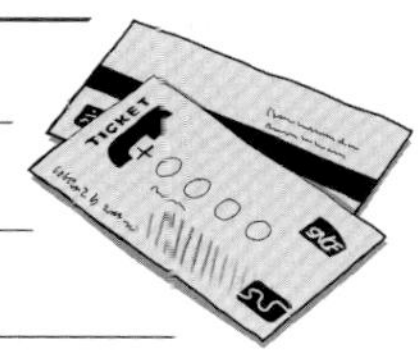

Ort: *zu Hause*

Personen: *Lou, No*

Jahreszeit: *Winter, Januar*

Bedeutung Zitat: Was geht in Lou vor?
Lou ist verzweifelt. Sie spürt, dass es No an ihrer Arbeitsstelle nicht gut geht, weil sie es nicht leicht hat, aber spricht No nicht darauf an. Sie spürt, dass sich eine Veränderung anbahnt.

Kapitel 31 | S. 154–159: *Individuelle Schülerlösung*

Orte: Schule, zu Hause, Schule

Personen: Lou, No, Lous Mutter

Jahreszeit: Winter, Januar

Symbol: Stein

a) Bedeutung Zitat:
Lous Mutter spricht vor No plötzlich über Thaïs' Tod: Nachdem so viele Jahre nicht mehr innerhalb der Familie darüber gesprochen wurde, scheint Lou damit nicht klarzukommen, dass ihre Mutter nun doch davon erzählt.

b) Wie es dazu kommt, dass die Mutter plötzlich spricht: SH 24
Lous Vater befindet sich auf Geschäftsreise. Die drei Frauen genießen die Zeit zu dritt und Lous Mutter beginnt, von Lous Kindheit zu erzählen. Lou ist überrascht, dass ihre Mutter tatsächlich Erinnerungen an ‚vorher' zu haben scheint. No scheint interessiert und stellt viele Fragen. So kommt es, dass die Mutter plötzlich von Thaïs erzählt.

c) Warum Lou Thaïs No gegenüber nie erwähnt hat:
Lou hat No nie von ihrer kleinen toten Schwester Thaïs berichtet, „[...] denn dafür gab es keine Gründe." (S. 156, Z. 21–22): Sie hat ihr ein Geheimnis verschwiegen. Vermutlich war Lou schlicht überfordert mit der Sprachlosigkeit ihrer Mutter, die das Thema von Anfang an totgeschwiegen hatte.

d) Lous Gefühle nach dem Gespräch:
- *Zornig auf sich selbst, weil herauskam, dass sie No etwas verschwiegen hatte.*
- *Gekränkt, weil sich ihre Mutter No gegenüber plötzlich öffnen kann.*
- *Enttäuscht, weil sie es No vielleicht gerne selber erzählt hätte.*
- *Verletzt, weil ihre Mutter ausgerechnet No davon erzählt hat.*
- *Eifersüchtig auf die Nähe und das Vertrauen, das sich zwischen No und der Mutter entwickelt (No hat es geschafft, die Mutter wieder zum Leben zu erwecken, was Lou die ganzen Jahre über nicht gelang).*

e) In der Schule denkt Lou *an ihre Mutter und fühlt sich schlecht, weil sie sich ja eigentlich darüber freuen sollte, dass diese wieder am Leben teilnimmt.*

f) Lucas spürt, *dass Lou traurig ist, aber Lou möchte nicht darüber reden. Er spricht ihr Mut und Verständnis zu.*

g) Sein Geheimnis:
„»Wenn du groß bist, werde ich dich an einen Ort mitnehmen, an dem die Musik so schön ist, dass man auf der Straße tanzt.«" (S. 158, Z. 9–12)

h) Zitat: Warum stellt Lou Lucas diese Frage? Was meint sie damit?
- *Sie fühlt sich von ihrer Mutter ungeliebt.*
- *Sie spielt auf No an, die nie geliebt wurde.*
- *Sie spielt auf Lucas an, der von seinen Eltern im Stich gelassen wurde.*

SH25

Kapitel 32 S. 160–164: *Individuelle Schülerlösung*

Ort: *zu Hause*

Personen: *Lou, No, Lucas*

Jahreszeit: *Winter, Januar*

Symbol: *Kinderbild von No; Heft (Geschenk von Lucas)*

Zitat: *individuelle Schülerlösung*

a) Kinderbild:
Auf dem Bild ist No mit den Händen aufs Kleid gelegt im Alter von 5 oder 6 Jahren zu sehen; sie scheint alleine zu sein. Lou kann die damals schon ‚sichtbare' Leere um No auf dem Bild spüren („[...], ein verlassenes Mädchen.", S. 161, Z. 3).

b) Veränderung Nos:
Ihre Laune verschlechtert sich; sie klaut Lous Mutter Medikamente; sie wird wegen jeder Kleinigkeit wütend; sie kommt abends immer später von der Arbeit nach Hause; sie isst nichts mehr; sie schläft unruhig; sie erbricht sich nachts auf der Toilette; sie muss länger arbeiten, ihr Chef tyrannisiert sie.

c) Lou bekommt von Lucas *ein Heft geschenkt, ein Buch mit leeren Seiten zum Reinschreiben.*

Schreibanlass 5 **Brief von Lou an Lucas**

→ Übersicht *Schreibanlässe und Schreibaufgaben* | **LH 59**

Kapitel 33 | S. 166–169: ***Individuelle Schülerlösung***

Ort: *zu Hause*

Personen: *Lou, No*

Jahreszeit: *Winter, Januar, an einem Sonntag*

Zitat: *individuelle Schülerlösung*

a) Warum No zu ihrer Mutter fahren möchte: *Weil sie sich nach einer (ihrer eigenen!) Familie sehnt.*

b) Verlauf des Wiedersehens mit der Mutter: SH 26
No und Lou fahren nach Ivry zur Wohnung. Die Mutter scheint da zu sein, aber die Tür wird nicht geöffnet. No hämmert dagegen und bricht verzweifelt zusammen.

c) Reaktion Lous:
Mit einem Zitat von Lucas: Auf Lous Frage, ob Lucas glaube, dass es Eltern gibt, die ihre Kinder nicht lieben, antwortete dieser: „»Ich glaube, es ist immer komplizierter, als man denkt.«" (S. 159, Z. 4–5). Genau mit diesen Worten versucht Lou, No zu beruhigen.

Kapitel 34 | S. 170–171: ***Individuelle Schülerlösung***

Ort: *zu Hause*

Personen: *Lou, No*

Jahreszeit: *Winter, Ende Januar/Anfang Februar*

Zitat: Wie meint Lou das?
Lous Eltern planen für die anstehenden Februarferien eine mehrtägige Fahrt zu einer Verwandten, die Unterstützung braucht. Bei dem Gedanken, No alleine zurückzulassen, hat Lou kein gutes Gefühl. No möchte, dass Lou bei ihr bleibt, aber die Eltern erlauben es nicht.

Kapitel 35 | S. 172–175: ***Individuelle Schülerlösung***

Ort: *zu Hause bei Lucas*

Personen: *Lou, No, Lucas*

Jahreszeit: *Winter/Februar*

Symbol: *der Knoten in Lous Bauch*

Zitat: *individuelle Schülerlösung*

a)

Gefühle/Sicht von No	Gefühle/Sicht von Lou
No ist dankbar, weil *Lou ihr schon so viel geholfen hat.*	Lou verzweifelt, weil *No sich ihr nicht anvertrauen will, denn Lou spürt, dass mit No etwas nicht stimmt.*
No erkennt, dass *das Leben von Lou so viel anders verläuft als ihres: Schule, Klasse, Familie.*	Lou sagt No, dass *sie sie brauche.*
No fühlt sich nicht *als Teil der Familie.*	Lou sieht No als *Teil der Familie.*

SH 27

b) *Es könnte ihr bei der Arbeit etwas Unangenehmes passiert sein; vielleicht wird sie von ihrem Chef bedrängt oder gedemütigt?*

Kapitel 36 | S. 176–179: *Individuelle Schülerlösung*

Ort: *Auf der Rückfahrt nach Paris im Auto*

Personen: *Lou, ihre Eltern*

Jahreszeit: *Winter/Februarferien*

Symbol: *der kleine Knoten im Bauch*

a) ZUM NACHDENKEN *Individuelle Schülerlösungen*

b) Auf der Rückfahrt nach Paris hat Lou Angst, *da sich No nicht wie vereinbart jeden Tag telefonisch gemeldet hatte.*

c) Als sie die Wohnung betreten, sieht auf den ersten Blick *alles ganz normal aus.*

d) Dann entdeckt Lou *in Nos Zimmer umgekippte Schnapsflaschen und leere Medikamentenpackungen.*

Kapitel 37 | S. 180–184: *Individuelle Schülerlösung*

Ort: *zu Hause*

Personen: *Lou, No*

Jahreszeit: *Winter/Februar*

Zitat: *individuelle Schülerlösung*

Nach der Rückkehr:
No kommt morgens zurück und weint bitterlich. Lous Vater teilt seiner Tochter im Gespräch mit, dass No nicht mehr länger in der Familie bleiben könne, wenn sie eine Gefahr darstelle.

SH 28

Kapitel 38 | S. 185–187: *Individuelle Schülerlösung*

Ort: *zu Hause*

Person: *Lou*

Jahreszeit: *Winter/Februarferien*

Symbol: *der ‚Kleine Prinz'*

Zitat: *individuelle Schülerlösung*

Nos Arbeitsalltag:

tagsüber	nachts
Tagsüber schläft No. *Sie trinkt Alkohol und nimmt Medikamente.*	*No muss nachts arbeiten, bis zwei Uhr die Gäste an der Bar bedienen und anschließend bis morgens die neuen Gäste ins Hotel lassen.*

Lou denkt an den *„Kleinen Prinzen“*.

AB *Der Kleine Prinz* **SH 62**

Kapitel 39 | S. 188–190: ***Individuelle Schülerlösung***

Ort: *zu Hause*

Personen: *Lou, No*

Jahreszeit: *Winter/Februar (nach den Ferien)*

Zitat: *individuelle Schülerlösung*

a) Der Vater verkündet am ersten Schultag nach den Februarferien, dass *No in eine Einrichtung gehen wird.*

b) Lou reagiert *verzweifelt, schafft es aber nicht, zu antworten.*

Kapitel 40 | S. 191–193: ***Individuelle Schülerlösung***

Ort: *zu Hause*

Person: *Lou*

Jahreszeit: *Winter/Februar (nach den Ferien)*

Symbol: *Kinderbild, das No für Lou dalässt*

Zitat: *individuelle Schülerlösung*

Als Lou von der Schule nach Hause kommt *ist No weg und hat alle ihre Sachen mitgenommen. Lediglich ihr Kinderbild hat No auf Lous Schreibtisch in einem Umschlag hinterlassen (S. 193). Das einzige Kinderbild, welches sie überhaupt besitzt (S. 160).* SH 29

SCHREIBANLASS 6 **No hinterlässt Lou eine Notiz.** (S. 193)

→ Übersicht *Schreibanlässe und Schreibaufgaben* | **LH 59**

Kapitel 41 | S. 194–195: ***Individuelle Schülerlösung***

Ort: *bei Lucas zu Hause*

Personen: *Lucas, No, Lou*

Jahreszeit: *Winter/Februar*

a) Wohin geht No? *No flüchtet in ihrer Not zu Lucas, der sie aufnimmt und sofort Lou benachrichtigt.*

b) Bedeutung der Zitate:
- *Einerseits möchte Lou auch weiterhin stark sein und kämpfen („[...], denn wir haben die Kraft dazu." S. 194, Z. 12), andererseits gibt sie zu, ‚schwach' zu sein und eine Stütze zu brauchen.*
- *Lou ist innerlich zerrissen: Sie ist besessen von der Aufopferung für No und gleichzeitig verunsichert durch die klaren Worte ihres Vaters und die Haltung von Lucas, der Lou immer wieder darauf hinweist, dass sie No nicht retten können.*

Kapitel 42 | S. 196–199: ***Individuelle Schülerlösung***

Ort: *zu Hause*

Person: *Lou*

Jahreszeit: *Winter/Februar*

Symbol: *Girlande*

Zitat: *individuelle Schülerlösung*

AB *Motiv-Girlande* | **SH 63**

a) Mutter *möchte wieder arbeiten gehen.*
Vater *möchte Thaïs' Zimmer zu einem Arbeitszimmer renovieren.*

SH 30

b) Zeitvertreib Lous: *Lou verbringt viel Zeit bei Lucas, ohne ihren Eltern davon zu erzählen.*

c) Veränderung Nos:
No bleibt verändert und verschlossen und zieht sich immer mehr zurück. Sie trinkt. Sie „[...] ist nicht mehr die Alte, es ist etwas in ihrem Inneren, etwas wie [...] abgrundtiefe(r) Abscheu, etwas, das für uns nicht greifbar ist." (Lou, S. 198, Z. 22–25). Lou spürt, dass etwas mit No passiert, was unvorstellbar ist.

Kapitel 43 | S. 200–204: ***Individuelle Schülerlösung***

Ort: *Schule, bei Lucas zu Hause*

Personen: *Lou, Lucas, No*

Jahreszeit: *Winter/Februar*

Zitat: *individuelle Schülerlösung*

a) Bedeutung „Widerstandskämpfer":
Sie halten zusammen trotz aller Widerstände um sie herum (z. B. die Eltern und die Erwachsenen). Lou und Lucas sind perfekt organisiert und für alle Notfälle vorbereitet, falls herauskommen sollte, dass sie No bei ihm versteckt halten.

b) Sieht sich Lucas als „Widerstandskämpfer"?
Nein, Lucas zweifelt manchmal: „[...], wir sind nicht stark genug, Lou, wir schaffen es nicht."
(Lucas, S. 201, Z. 10–11)

c) Bedeutung Zitat: *Anspielung auf den ,Kleinen Prinzen'. No gerät in Panik, wenn Lou mal nicht bei Lucas erscheint – was dafür spräche, dass sie von Lou gezähmt wurde.*

AB *Der Kleine Prinz* | **SH 62**

d) Nos Zukunftspläne:
No hat sehr viel Geld anspart, um eines Tages Loïc in Irland zu besuchen. Wenn Lucas nicht da ist, erzählt No von Loïc und wie sie sich kennengelernt haben. Wenn es No schlecht geht, erinnert Lou sie an Loïc und daran, dass es sich lohnt, für ihn zu leben und zu kämpfen.

Kapitel 44 | S. 205–210: *Individuelle Schülerlösung*

Ort: *Schule*

Personen: *Lou, Lucas*

Jahreszeit: *Winter/Februar*

Zitat: *individuelle Schülerlösung*

SH 31

a) Woran Lou erkennt, dass etwas passiert sein muss:
- *Lucas erscheint eines Tages nicht in der Schule. Mitten im Unterricht taucht er plötzlich auf und wirkt besorgt.*
- *Als Lucas Monsieur Marins Ansage kommentarlos stehen lässt, ist sich Lou sicher, dass etwas nicht in Ordnung ist.*

b) Was Lou von Lucas erfährt und seine Reaktion:
No ist nicht zurückgekommen. Lucas möchte Lou davon überzeugen, dass sie es nicht schaffen werden, No zu retten: „[...] wir schaffen es nicht, Lou, [...], das musst du einsehen, [...]." (Lucas, S. 207, Z. 17–18)

c) Als Lucas und Lou nach Hause kommen, *finden sie No betrunken auf dem Sofa liegend vor.*

Kapitel 45 | S. 211–215: *Individuelle Schülerlösung*

Ort: *zu Hause*

Personen: *Lou, ihre Eltern*

Jahreszeit: *Winter/Februar*

Zitat: *individuelle Schülerlösung*

a) Bedeutung Zitat:
Lous Eltern räumen auf: Sie entrümpeln die Wohnung und wollen neu streichen. Sie scheinen zufrieden zu sein, weil sie ihr altes Leben hinter sich lassen und dem neuen Leben einen neuen Anstrich verpassen wollen.

b) Reaktion Lous:
Lou möchte kein neues Leben („Ich mag dieses neue Leben nicht." (Lou, S. 212, Z. 23)): Mit diesem neuen Leben meint Lou einerseits das Leben nach Thaïs (S. 213) und andererseits das Leben ohne No. Lou wirft ihren Eltern vor, sie hätten ihr altes Leben einfach vergessen.

Lous Kindheitserinnerungen kommen hoch: Lou erinnert sich an unbeschwerte Kindheitstage mit ihrer Mutter.

c) Kindheitserlebnis:
Lou stürzt im Alter von neun oder zehn Jahren im Park, aber ihre Mutter ist nicht in der Lage, sich um das weinende Kind zu kümmern, weil sie – vor lauter Schmerz um ihr totes Baby – ihre Umwelt nicht mehr wahrnimmt. Eine ältere Dame, die sich um Lou kümmert, gibt ihr beim Gehen ein Zeichen.

d) Bedeutung Zitat:
- *Lou muss stark und mutig sein.*
- *Lou muss sich daran gewöhnen, dass sie ohne die Zuneigung ihrer Mutter aufwächst.*

SH 32

Kapitel 46 | S. 216–220: ***Individuelle Schülerlösung***

Ort: *Schule*

Personen: *Lou, Lucas*

Jahreszeit: *Winter/Februar (nach den Ferien)*

Symbol: *die roten Converse*

Zitat: *individuelle Schülerlösung*

a) Das Geschenk:
- *Ein Paar rote Converse-Tennisschuhe im Wert von mindestens 56,00 €, die sich Lou schon immer gewünscht hatte.*

Bedeutung:
- *Das Geschenk hat einen symbolischen Wert: No möchte Lou zum Dank etwas schenken (bevor sie sich endgültig von ihr verabschieden möchte, wie man später erfährt).*

b) *Lou ist verzweifelt wegen Lucas, da dieser glaubt, dass sie No nicht mehr helfen können; weil sie in ihn verliebt ist und nicht weiß, wie sie damit umgehen soll, dass er zu Leas Party geht (obwohl er sie gefragt hat, ob sie mitkommen möchte); dazu kommt die Enttäuschung über Lous Eltern, die ihr altes Leben „ausmisten".*

AB *Lou & Lucas* | **SH 40/41**

c) Bedeutung Zitat:
Plötzlich ist Lou selbst der Meinung, dass sie und No in unterschiedlichen Welten leben. Die Worte der Kioskverkäuferin fallen Lou wieder ein und sie muss sich eingestehen, dass an diesen Worten etwas Wahres dran ist. Es gibt anscheinend doch keine „Schnittmenge" (S. 75), wie Lou es sich anfangs gewünscht hatte. Lou scheint um diese wichtige Erkenntnis reifer geworden zu sein.

SCHREIBAUFGABE 1 **Innerer Monolog Lou** (S. 217)

→ Übersicht *Schreibanlässe und Schreibaufgaben* | **LH 59**

Kapitel 47 | S. 221–224: ***Individuelle Schülerlösung***

Ort: *zu Hause*

Personen: *Lou, ihre Eltern*

Jahreszeit: *Winter/Februar*

Zitat: *individuelle Schülerlösung*

SH 33

a) Als Lou nach dem anstrengenden Tag nach Hause kommt, *ist sie aufgewühlt und zeigt das auch ihrer Mutter gegenüber. Lou schließt sich in ihr Zimmer ein und reagiert nicht auf die Frage ihrer Mutter, was denn los sei.*

b) Warum Lou sich nicht traut, offen mit ihrer Mutter zu sprechen:
Lou denkt die Antworten, sie kann sie ihrer Mutter gegenüber aber nicht aussprechen.
Sie möchte ihre Mutter schützen, weil sie ja weiß, dass sie traumatisiert ist und nichts dafür kann: „Ich will nicht mit ihr sprechen, weil sie mir nicht zuhört, weil sie immer so wirkt, als würde sie an etwas anderes denken, [...]. Ich will nicht mit ihr sprechen, weil sie nicht mehr weiß, wer ich bin, weil sie sich immer zu fragen scheint, was uns verbindet, sie und mich, welche Beziehung zwischen uns besteht." (Lou, S. 222, Z. 16–23)

c) Warum sich Lou gerade jetzt ihrem Vater anvertraut:
Lou ist verzweifelt: Lucas entfernt sich von ihr, No ist weg. Lou spricht es endlich aus („»Seit Thaïs tot ist, liebt Maman mich nicht mehr.«" (Lou, S. 223, Z. 8)) – ein großer Schritt, der viel Mut erfordert. Warum wohl gerade in diesem Moment? Sie hat etwas Materielles geschenkt bekommen (die roten Converse), spürt aber vielleicht, dass die ganzen materiellen Geschenke, die sie auch von ihrem Vater immer wieder bekommen hat, nie das ersetzen konnten, was sie seit Thaïs' Tod nicht mehr bekam: die Liebe ihrer Mutter.

SCHREIBAUFGABE 2 **Brief an Lucas** (Zitat, S. 223, Z. 4: „»*Maman* liebt mich nicht.«")

→ Übersicht *Schreibanlässe und Schreibaufgaben* | **LH 59**

Kapitel 48 | S. 225–229: *Individuelle Schülerlösung*

Ort: *Lucas' Zuhause*

Personen: *Lou, No, Lucas*

Jahreszeit: *Winter/Februar*

Zitat: *individuelle Schülerlösung*

a) Die Entdeckung von Lucas und Lou:
No und Lou verbringen einen Fernsehabend bei Lucas, der noch nicht zu Hause ist.
No betrinkt sich und schläft ein. Als Lucas nach Hause kommt, muss No sich auf der Toilette übergeben. Dabei fällt auf, dass sie in ihrer Hosentasche mehrere Fünfzig-Euro-Scheine hat. Lucas rastet daraufhin aus und brüllt No an. Dabei stürzt No und schlägt sich die Lippe blutig.

b) BLITZLICHT *Lucas geht davon aus, dass No das viele Geld hat, weil sie sich prostituiert.*

> **METHODE: BLITZLICHT**
> Alle Schülerinnen und Schüler sollen spontan und in einem oder wenigen Sätzen etwas äußern. Die Aussagen werden weder bewertet noch kommentiert. Sie können sich auch wiederholen. Durch die Wiederholungen werden Übereinstimmungen und Gewichtungen verdeutlicht.

Kapitel 49 | S. 230–234: *Individuelle Schülerlösung*

Ort: *Zuhause*

Personen: *Lou, ihre Eltern*

Jahreszeit: *Winter/Februar*

SH 34

Zitat: *individuelle Schülerlösung*

a) Bedeutung Zitat:
Das ist eine Anspielung auf die fehlende Zuneigung ihrer Mutter Lou gegenüber, die Lou genauso als „Gewalt“ empfindet.

b) Was der Vater über Lou, No und Lucas erfährt:
- *Lou hat ihn die ganze Zeit belogen.*
- *No war die ganze Zeit bei Lucas untergekommen.*
- *Lucas lebt alleine in der Wohnung.*

Als Lous Mutter dazu kommt, bricht aus Lou plötzlich alles heraus.

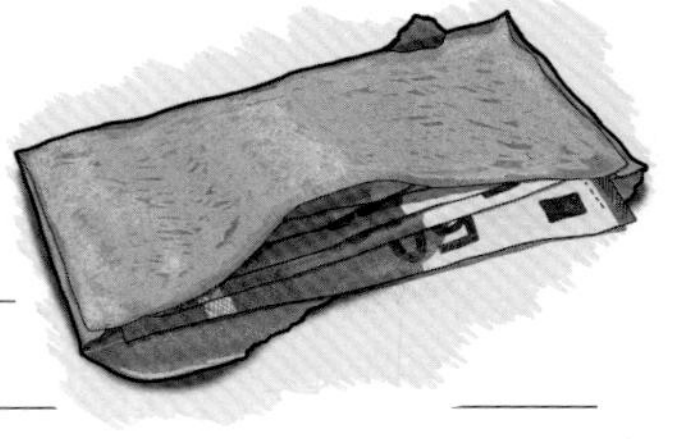

Kapitel 50 | S. 235–243: *Individuelle Schülerlösung*

Ort: *zu Hause, in Paris*

Personen: *Lou, No*

Jahreszeit: *Winter/Februar*

Zitat: *individuelle Schülerlösung*

a) Was passiert ist:
No ruft Lou morgens verzweifelt an, um ihr mitzuteilen, dass Lucas' Mutter auf dem Weg sei und sie sofort verschwinden müsse. Sie fleht Lou an, zu kommen. Lou beschließt, mit No wegzugehen, packt ihre Sachen und fährt zu Lucas, wo sie gemeinsam Nos Sachen zusammenpacken.

ÜBERGREIFENDE SCHREIBAUFGABE 1 **Lou hinterlässt ihren Eltern einen Abschiedsbrief** (S. 236)

→ Übersicht *Schreibanlässe und Schreibaufgaben* | **LH 59**

b) Unternehmungen No und Lou:
gemeinsames Frühstück im Café; Kinobesuch; Bummel im Forum des Halles: Sie kaufen einen Schal für Lucas, Spangen für Lou, Zigaretten, eine Kerze, Handschuhe, Ansichtskarten, die gleiche Mütze für Lou und No; Waffelessen am Brunnen und Beobachten der vorbeigehenden Passanten.

SH 35

c) Lou eröffnet No, *dass sie mit ihr nach Irland kommen werde und die beiden beschließen, am nächsten Tag mit der Bahn aufzubrechen. Die beiden übernachten in einem dreckigen Hotel am Anfang des Boulevard de Strasbourg, welches No kennt.*

Kapitel 51 | S. 244–246: *Individuelle Schülerlösung*

Ort: *am Bahnhof Saint-Lazare*

Personen: *Lou, No*

Jahreszeit: *Winter*

a) Während No die Fahrkarten kaufen möchte, *wartet Lou in der Wartehalle am Bahnhof. Doch No kehrt nicht zurück.*

b) Bedeutung „Nebenwirkungen des Lebens“: *Die unschönen Dinge, die das Leben mit sich bringt: In Lous Fall der Tod der Schwester, die fehlende Liebe der Mutter, die Einsamkeit, die fehlenden Freunde, die unerwiderte Liebe zu Lucas – und nicht zuletzt der Verlust von No. Dennoch geht das Leben weiter: „Um mich herum war nichts verstummt, um mich herum ging das Leben weiter, laut und chaotisch.“ (Lou, S. 246, Z. 13–14). Lou versteht, dass No sie für immer verlassen hat.*

Kapitel 52 | S. 247: *Individuelle Schülerlösung*

Ort: *zu Hause*

Personen: *Lou, ihre Mutter*

Jahreszeit: *Winter*

a) Bedeutung Zitat:
Lou erkennt, dass sie reifer geworden ist und selbstbewusst in die Zukunft blicken kann. Sie fühlt sich plötzlich nicht mehr so klein und ängstlich wie zuvor.

b) Verzweifelt und glücklich *schließt die Mutter Lou in die Arme.*

c) Verhaltensänderung: *Der Mutter wird in diesem Moment vielleicht erst bewusst, was sie in der Vergangenheit alles falsch gemacht und wie sehr sie ihre Tochter dadurch vernachlässigt hat, dass sie seit langem keine Gefühle mehr zeigen konnte. Sie spürt, dass Lou reifer geworden ist.*

Kapitel 53 | S. 248: *Individuelle Schülerlösung*

SH 36

Ort: *bei Geneviève im Supermarkt*

Personen: *Lou, Lucas, Geneviève*

Jahreszeit: *einige Wochen später; vermutlich Frühling*

a) *Individuelle Schülerlösungen, z. B. Aussprache zwischen Lou und ihrer Mutter/ihren Eltern; Lucas und Lou nähern sich an; die Sorge um No schweißt die beiden mehr zusammen.*

b) Von Geneviève erfahren die beiden schließlich, *dass Loïc No nie aus Irland geschrieben habe.*

SCHREIBAUFGABE 3 **Ein zusätzliches Kapitel verfassen** (Leerstelle zwischen Kapitel 52 und 53)

→ Übersicht *Schreibanlässe und Schreibaufgaben* | **LH 59**

Kapitel 54 | S. 249–250: *Individuelle Schülerlösung*

Ort: *Schule*

Personen: *Lou, Monsieur Marin*

Jahreszeit: *letzter Schultag vor den Ferien, vermutlich Sommer*

Symbol: *Buchgeschenk von Monsieur Marin*

a) Erkenntnis:
Lou erkennt, dass nicht nur sie klein ist, sondern alle um sie herum ‚klein' sein können im Sinne von ‚machtlos', selbst Monsieur Marin.

b) Monsieur Marin *verabschiedet sich vor seinem Ruhestand mit einem Geschenk bei Lou und den Worten: „»Geben Sie nicht auf.«" (S. 250, Z. 21)*

c) Was Lou fühlt:
Sie ist eingeschüchtert und weiß nicht, was sie sagen soll. Aber sie spürt, dass der Moment ein besonderer ist und dass Monsieur Marin ihr persönlich dabei helfen möchte, erwachsen zu werden.

Kapitel 55 | S. 251: ***Individuelle Schülerlösung***

Ort: *bei Geneviève im Supermarkt*

Personen: *Lou, Lucas*

Jahreszeit: *Frühling*

Zitat: *individuelle Schülerlösung*

Am Ende *küsst Lucas Lou.*

Übersicht zu den Illustrationen

Auf dieser Seite finden Sie eine Übersicht zu den Illustrationen des Lehrer- und des Schülerarbeitsheftes. Sie finden diese Illustrationen ebenfalls als JPEG-Dateien im Downloadbereich für den Einsatz im Unterricht, zum Beispiel zur Projektion oder für Schulaufgaben. Anderweitiger Einsatz ohne Bezug zu diesen Materialien und ohne Nennung des Verlages oder Weiterreichung der Daten ist urheberrechtlich untersagt.

Gedenkstätte für Mouloud

Lous Mutter im Sessel

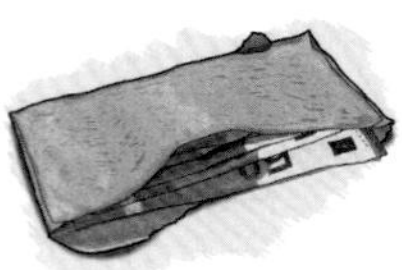

Umschlag

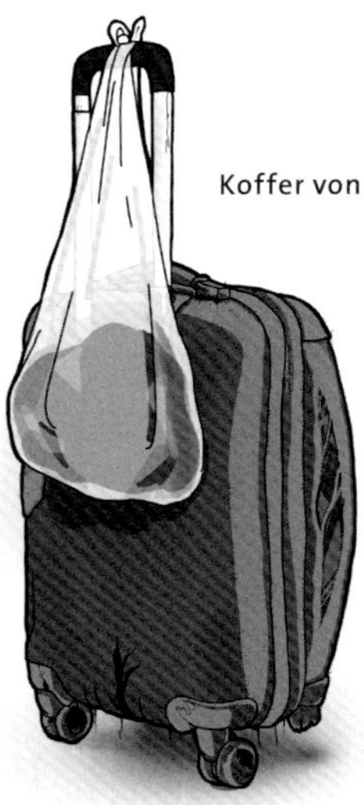

Koffer von No

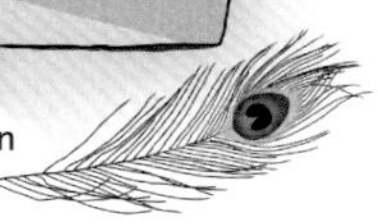

Kiste mit Erinnerungen

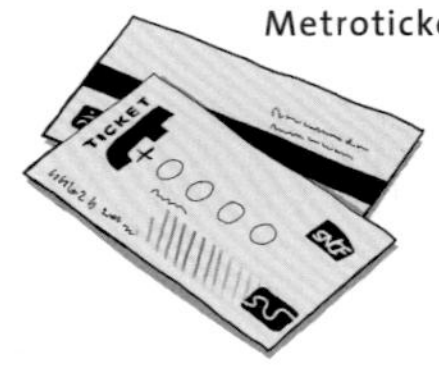

Metrotickets

Converse

Monsieur Marins Buch in Packpapier

Heft

Das kleine Opinel-Messer

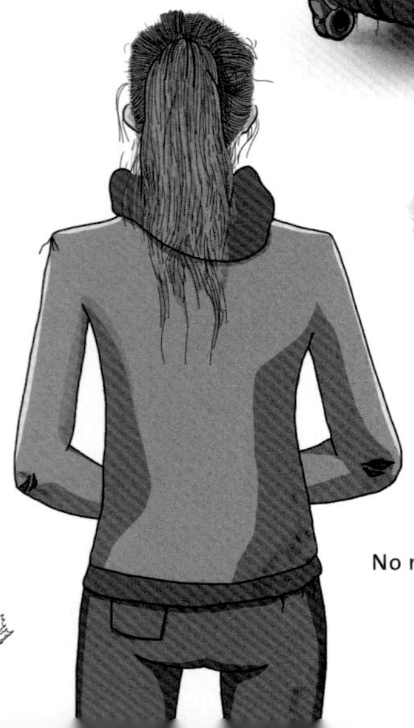

No mit Blouson

Cola & Wodka

Zelt mit Gaskocher und Büchsen

Die Figuren – Charakteristik und Entwicklung

SH 37

Steckbriefe Lou, Lucas & No

Name: LOU BERTIGNAC **Alter:** *13*

Spitznamen: *„Das Hirn" (S. 9, Z. 8); Krümel (Lucas nennt sie so)*

Eigenschaften:
- *schüchtern (mag es nicht, vor der Klasse zu sprechen)*
- *Klassenbeste, intelligent, hochbegabt (IQ von 160)*
- *kann sich die Schnürsenkel immer noch nicht allein binden*
- *sensibel*
- *leidet unter Schlaflosigkeit (und benötigt manchmal ein Medikament, um einzuschlafen: „[…], ein Medikament, das einen in ein schwarzes Loch befördert, in ein Loch, in dem man an gar nichts mehr denkt.", S. 55, Z. 10–12)*
- *mag Wörter (Lexika); mag es, zwei Tätigkeiten parallel auszuführen; mag Experimente*

Aussehen: *klein (30 Zentimeter kleiner als ihre Mitschüler)*

Hobbies: *Lesen, Experimente ausführen, Menschen beobachten, Dinge und Objekte zählen – manchmal sogar verschiedene zeitgleich, gefundene Gegenstände sammeln, Grammatiktheorien aufstellen*

Familie:
- *Mutter: verlässt die Wohnung seit Jahren nicht mehr*
- *Vater: weint heimlich im Badezimmer*
- *Einzelkind nach dem Plötzlichen Kindstod der kleinen Schwester Thaïs (Lou war damals neun Jahre alt)*

Klasse: *10*

Schul. Laufbahn:
- *zwei Klassen übersprungen: erste und vierte Klasse*
- *vier Jahre auf einem Internat in Nantes, das sich auf intelektuelle Frühreife spezialisiert hatte*

Berufswunsch: *Notärztin oder Rocksängerin*

Name: LUCAS MULLER **Alter:** *17*

Eigenschaften:
- *Mädchenschwarm, frech, faul, raucht*
- *er kennt jeden und ist über alles auf dem Laufenden*
- *Klassenboss: er ist cool und gibt den Ton an*

Aussehen:
- *große Augen, schwarze Haare, lange Beine, sehr groß*
- *eine weiße Narbe über dem Mund, die schräg zu seiner Lippe verläuft*
- *Lederjacke, offenes Hemd, zu große Jeans, nackte Füße in Turnschuhen, schwarzes Stirnband, damit ihm sein Haar nicht in die Augen fällt*

Hobbies:
- *Opinel-Messer (Messersammlung) sammeln*
- *Internet-Blog über Comics, Musik und Filme führen*

Familie:
- *lebt alleine in einer Fünfzimmerwohnung*
- *Vater: lebt in Brasilien*
- *Mutter: lebt in einem Vorort von Paris*

Klasse: *10*

Schul. Laufbahn:
- *musste zweimal eine Klasse wiederholen*
- *hat bereits einen 3-tägigen Schulausschluss hinter sich*

Name	NOLWENN PIVET	Alter	*18*
Spitzname	*No*		
Eigenschaften	*¬ trinkt Bier und Wodka* *¬ raucht* *¬ kaut Nägel* *¬ nimmt Medikamente* *¬ vulgäre Sprache* *¬ mag Litschis und Mangos*		
Aussehen	*¬ schmutzige Khaki-Hose, alter Blouson mit durchgescheuerten Ellbogen und Löchern* *¬ altmodischer rosafarbener Schal* *¬ Zahnlücke* *¬ mager, schmale Gestalt („Knabenkörper")* *¬ blass* *¬ Augenringe* *¬ verfilztes Haar* *¬ abgekaute Fingernägel*		
Hobbies	*Zeit totschlagen, mit Metro hin- und herfahren, in Cafés vor einer leeren Tasse sitzen*		
Familie	*¬ Mutter: lebt in einer Sozialwohnung* *¬ Vater: unbekannt (No ging aus einer Vergewaltigung der Mutter hervor)*		
Schul. Laufbahn	*nach der 9. Klasse von der Schule abgegangen*		
Berufswunsch	*wollte als Kind Friseurin werden*		

SH 38

Lou & No

Verzweifelte Suche nach No

➲ Aufgabe 1

Stichpunkte zu Fragen.

AB *Paris* | **SH 52 f.**

- vor der Brasserie; im Bahnhof Gare d'Austerlitz (am Kiosk, vor den Schaltern, bei den Toiletten, am Pfeiler, im Warteraum): Lou kommt tagelang jeden Tag an den Bahnhof; hinter der Oper gegenüber der Bushaltestelle, wo die Igluzelte der Obdachlosen stehen; an der Suppenküche in der Rue Clément
- die Frau vom Zeitungsstand am Bahnhof; Geneviève im Supermarkt an der Porte de Bagnolet; die Obdachlosen hinter der Oper gegenüber der Bushaltestelle
- Weil sie sich nicht bei No bedanken konnte für ihre Unterstützung beim Referat; Lou hat das Gefühl, No im Stich gelassen zu haben; Lou hat Angst, dass ihr etwas zugestoßen sein könnte; „No hat mir ihr Zeit geschenkt, und ich habe ihr nichts gegeben." (S. 84, Z. 15–16)
- in der Suppenküche Rue Clément
- No wendet sich ab und ignoriert Lou; schließlich schreit sie Lou an und weist sie von sich: „»Hau ab, Lou, ich sag's dir. Du gehst mir auf den Geist. Du hast hier nichts zu suchen. Das ist nicht dein Leben, verstehst du, das ist nicht dein Leben!«" (S. 91, Z. 7–9), „»Ich brauche dich nicht.«" (S. 90, Z. 18)
- Lou ist verletzt und enttäuscht und lässt ihrer Wut freien Lauf: Sie schimpft auf die Obdachlosen.

SA3 *Innerer Monolog Lou* | **SH 65**

- No steht eines Tages plötzlich vor Lous Schule.

➲ Aufgabe 2

Reaktion Lou

Zitat: *„Wer sich ständig deines Vertrauens vergewissert, wird es als Erster missbrauchen. Und dann versuche ich, die Worte aus meinem Kopf zu verbannen." (S. 134, Z. 15–18)*

Lou spürt, *dass mit No etwas nicht stimmt.*

Reaktion No

Zitat: *„»Ich gehöre nicht zu deiner Familie, Lou. [...], ich werde nie zu deiner Familie gehören.«" (S. 174, Z. 26–28)*

No sagt, *dass ihre Freundschaft nicht von Dauer sein kann.*

Dialog zwischen Lou und No

SH 39

➲ Aufgabe 3

a) *Szenisches Spiel*: Der Dialog mit Rollenverteilung befindet sich als Kopiervorlage auch im Downloadbereich.

> **METHODE: SZENISCHES SPIEL**
>
> Das szenische Spiel ist eine Methode, um Gedanken, Gefühle und Beweggründe der Personen möglichst intensiv nachzuempfinden. Daher ist es wichtig, dass die Schülerinnen und Schüler sich beim Spiel in die Personen hineinversetzen. Nach dem Spiel sollte allen Beteiligten (Spielern und Zuschauern) die Gelegenheit gegeben werden, ihre Beobachtungen und Wahrnehmungen zu beschreiben:
>
> - Spieler: *Wie habt ihr euch gefühlt in der Rolle Nos/Lous?*
> - Zuschauer: *Wie wirkt die Szene auf euch? Wie reagieren die Spieler aufeinander?*
>
> **Tipp:** Überlegen Sie mit den Spielern, wie Mimik, Gestik, Lautstärke, Position und Bewegungen verändert werden könnten, um die Szene für die Zuschauer interessant zu machen.

b) Erkenntnis Lous: *Lou spürt, dass etwas Schlimmes passiert sein muss, dass No etwas Furchtbares zugestoßen ist, was sie komplett aus der Bahn geworfen hat: Vielleicht hat es etwas mit ihrer Familie zu tun oder mit der Arbeit? Vielleicht wird sie erpresst oder bedroht?*

Geschenke von No

➲ Aufgabe 4

- *Als No geht, hinterlässt sie Lou ein Kinderfoto von sich in einem Umschlag: Es ist ihr einziges Bild, das sie in ihren wenigen Habseligkeiten mit sich durch die Straßen trägt.*
- *No überrascht Lou mit den roten Converse-Tennisschuhen, die sich Lou schon immer gewünscht hatte.*
- *Lou hat etwas Materielles geschenkt bekommen (die roten Converse), spürt aber vielleicht, dass die ganzen materiellen Geschenke, die sie auch von ihrem Vater immer wieder bekommen hat, nie das ersetzen konnten, was sie seit Thaïs' Tod nicht mehr bekam: die Liebe ihrer Maman.*
- *No möchte Lou eine Freude bereiten und sich bei ihr für ihre Hilfe bedanken. Das Kinderfoto lässt sie Lou als Erinnerung zurück und vielleicht auch als Zeichen, dass sie sich wieder sehen werden.*

➲ Aufgabe 5

a) *Individuelle Schülerlösungen*

b)

Für eine Freundschaft spricht, ...	Gegen eine Freundschaft spricht, ...
... dass No sich immer nach Lous Befinden erkundigt. (S. 151)	*... dass No Lou von sich weist. (S. 91)*
... dass Lou No aufmuntert, wenn es ihr nicht gut geht. (S. 204)	*... dass Lou nicht mit No über Thaïs spricht.*
... dass Lou No nicht im Stich lassen möchte. (S. 240)	*... dass No sich immer wieder aufs Neue vergewissert, ob die beiden wirklich zusammen seien (S. 120, 134, 153, 168, 174), später stellt auch Lou diese Frage.*
... dass Lou sich aufopferungsvoll um No kümmert. (S. 210)	*... dass No Lou am Ende alleine am Bahnhof zurücklässt. Dies mag im ersten Moment gegen eine Freundschaft sprechen – No könnte aber auch aus Freundschaft gehandelt haben und Lou davor bewahren, sie in ihr Leben mit hineinzuziehen.*

SH 40 f.

Lou & Lucas

➲ Aufgabe 1

1. Lou sehnt sich nach jemandem, der keine Angst hat und ihr Sicherheit gibt, was ihre Eltern nicht schaffen und No ebenfalls nicht.

2. Lou möchte Lucas für sich gewinnen; sie spürt, dass es eine Verbindung zwischen ihnen gibt.

3. Lou würde so gerne mit ihm kommen, ist aber viel zu aufgeregt, hilflos und unsicher und lehnt daher traurig ab.

4. Lou würde Lucas am liebsten ihr ganzes Herz ausschütten, weil sie glaubt, dass er sie verstehen würde: ihre Sorge um No, ihre Sorge um ihre Maman und ihren Vater.

5. Lou bittet Lucas um einen Gefallen: Er soll ihr helfen, sich um No zu kümmern. Lucas reagiert sofort auf Lous Bitte.

6. Lucas möchte Lou nicht die Illusion nehmen, dass sie No retten können. Er weiß, wie viel es Lou bedeutet, für No zu kämpfen.

7. Lous Ansehen innerhalb der Klasse verändert sich, seit Lucas Zeit mit ihr verbringt und sich in der Schule sogar neben sie setzt. Lou merkt, dass sie von den Mädchen der Klasse plötzlich wahrgenommen und mit Respekt behandelt wird.

8. Trotz aller Gegensätze verbindet die beiden, dass sie das Geheimnis um No teilen.

9. Lou ist glücklich, wenn sie mit Lucas zusammen ist. Die beiden verbringen jeden Tag Zeit zusammen in seiner Wohnung, auch ohne No.

10. Lucas spürt, dass es Lou nicht gut geht und lädt sie auf eine Cola ein. Lou bringt es nicht übers Herz, über ihre Mutter und Thaïs zu sprechen. Lucas reagiert sehr emphatisch und verständnisvoll und möchte Lou aufmuntern. Lou ist glücklich über Lucas Worte.

11. Lucas plant, eines Tages mit Lou in den Urlaub zu fahren, mit einem Iglu-Zelt, einem Camping-Gaskocher und Ravioli in Büchsen. (S. 163)

12. Lou ist nach den ganzen Ereignissen in den Ferien mehr als froh, Lucas endlich wieder zu sehen.

13. Lou und Lucas kümmern sich aufopferungsvoll um No, allen Widerständen zum Trotz. Lou ist weiterhin zuversichtlich, dass sie es schaffen, auch wenn Lucas immer wieder Zweifel äußert.

14. Lucas ist realistisch und schätzt die Situation völlig richtig ein. Lou in ihrer Naivität reagiert trotzig („»Mit mir spricht sie.«“, S. 207). Sie möchte es einfach nicht wahrhaben.

15. Lou reagiert eifersüchtig, weil Lucas sich so gut mit Axelle und Léa versteht. Sie möchte ihn nicht teilen und hat Angst davor, ihn zu verlieren. Sie braucht Lucas; er ist der einzige Mensch, der ihr Halt geben kann.

16. Lou weiß, dass sie nicht eifersüchtig sein darf und versucht, die Situation zu retten. Sie ist sich auf einmal sicher, dass er ebenfalls in sie verliebt ist.

17. Lous Eifersucht ist so groß, dass sie Lucas gegenüber behauptet, ihre Eltern hätten etwas dagegen, wenn sie auf Léas Party mitkäme. Dass er nicht versucht, sie zu überreden, macht sie traurig und wütend.

18. Die Lage um No spitzt sich zu: Lou muss Lucas Recht geben und erkennt verzweifelt, dass sie es nicht schaffen werden, No zu retten.

19. No und Lou brechen auf und verlassen Lucas' Wohnung, ohne Lucas zu sagen, wohin die Reise gehen wird.

➲ **Aufgabe 2**

Diskussion:

Was verbindet die beiden?

Die Sorge um No, die fehlende Aufmerksamkeit der Eltern, die Einsamkeit, der Frust in der Schule.
Die beiden haben viele Gemeinsamkeiten.

Was belastet ihre Freundschaft?

Die Widerstände um sie herum (zunächst Lous Eltern, später aber auch Lucas, der schon früh erkennt, dass sie No nicht retten können); Lous Eifersucht.
Auch No stellt die zarte Beziehung der beiden immer wieder auf die Probe.

SH 42

Die Hauptpersonen im Vergleich

➲ **Aufgabe 1**

	Lou	Lucas	No
Beziehung zu den Eltern	*Eltern sind zwar da, aber geben Lou nicht die volle Aufmerksamkeit seit dem Tod der kleinen Schwester.*	*Eltern sind nicht da: Der Vater lebt in Brasilien (schickt ihm Postkarten und Geld; hat ihm per Brief mitgeteilt, dass er nach Brasilien auswandern wird), die Mutter lebt mit einem anderen Mann in einer anderen Wohnung und interessiert sich nicht für ihn; keine Beziehung zu den Eltern; die Eltern versuchen, ihre Abwesenheit mit Geld zu kompensieren.*	*Abgestoßen von der Mutter, bei den Großeltern aufgewachsen bis zum Tod der Großmutter; wird von der Mutter weiterhin abgelehnt.*
Geschwister	*Die kleine Schwester Thaïs starb am Plötzlichen Kindstod.*	*keine*	*keine*
schulische Verhältnisse	*Eine kluge und sehr gute Schülerin (hochbegabt); hat zwei Klassen übersprungen.*	*Intelligent, aber ein fauler und schlechter Schüler; kommt oft zu spät.*	*Hat die Schule schon früh abgebrochen.*
familiäre Besonderheiten	*Im Alter von neun Jahren verlor sie ihre kleine Schwester; die Mutter ist seither schwer traumatisiert.*	*Seit der Vater die Familie verlassen hat, ist die Familie auseinandergebrochen; die Mutter lebt inzwischen mit einem neuen Mann zusammen.*	*No wurde durch eine Vergewaltigung ihrer Mutter gezeugt, die sich nie um No gekümmert hat und mit dem Trinken anfing. Ihr neuer Lebensgefährte verließ sie wieder.*
Wohnsituation	*Bei ihren Eltern, die in einer Wohnung in Paris leben.*	*Lucas lebt alleine in einer großen Wohnung in Paris.*	*Wohnungslos; lebt auf der Straße.*

Was haben alle drei gemeinsam?

Alle drei befinden sich auf dem Weg des Erwachsenwerdens an einem Moment in ihrem Leben, wo sie sich alleine und von der Familie im Stich gelassen fühlen und allein auf sich gestellt sind; wenn auch jeder auf seine Art und Weise und aus völlig unterschiedlichen Gründen.

SH 43

➲ Aufgabe 2

Anouk Bertignac	Mutter von No	Mutter von Lucas
Schwer traumatisiert aufgrund des Todes ihres Babys.	*Traumatisiert aufgrund der Vergewaltigung, aus der No hervorging.*	*Traumatisiert, nachdem sie von ihrem Mann verlassen wurde.*
Schafft es nicht, eine emotionale Nähe zu ihrer Tochter aufzubauen.	*Schafft es nicht, ihre Tochter anzunehmen – trotz mehrerer Versuche und auch nach so langer Zeit nicht.*	*Schafft es nicht, die Familie nach dem Weggang des Vaters zusammen zu halten.*

➲ Aufgabe 3

Zu folgenden Szenen sollen Standbilder gebaut werden:

- Kapitel 21 | S. 114, Z. 7–9
- Kapitel 27 | S. 139, Z. 10–20
- Kapitel 41 | S. 194, Z. 17–21
- Kapitel 48 | S. 228, Z. 24 – S. 229, Z. 10

Info

Mit STANDBILDERN lassen sich Situationen lebendig darstellen, um die Gefühle der beteiligten Personen zum Ausdruck zu bringen.

So gehen Sie vor:

1. Rollenverteilung: Verteilung der Rollen *Lou, No* und *Lucas* untereinander und Wahl eines *Regisseurs*, der dabei hilft, die Szene zu bauen.
2. Versuch der Schüler, sich in die Rollen der einzelnen Personen zu versetzen und durch ihre Körperhaltung, Gestik und Mimik ihre Gefühle zum Ausdruck zu bringen.
3. Suche einer stabilen Position im Standbild. Der Regisseur kann die Standbilder auch fotografieren, damit sie besser besprochen werden können.
4. Nacheinander Präsentation und Betrachtung der Standbilder und gegenseitige Rückmeldung:
   - Was wurde gesehen?
   - Wie stehen die Personen zueinander?
   - Was fällt auf?
   - Welche Gefühle kommen dabei auf?

IDEE Einzelne Zuschauer treten in das Bild, legen einem Darsteller die Hand auf die Schulter und formulieren deren Gedanken oder Gefühle in Ich-Aussagen: *„Ich fühle mich…“*

METHODE: STANDBILD

Standbilder können auf zwei verschiedene Arten entstehen:

1. Während einer szenischen Darstellung kann durch einen **Stopp-Ruf** das Spiel angehalten werden und die Personen erstarren. Es gibt unter anderem zwei Möglichkeiten, diese Situation zu deuten:
   - Die Spieler sagen, was sie in ihrer Rolle gerade denken.
   - Die Beobachter interpretieren die festgehaltene Situation, was die Haltungen der Figuren und ihre Beziehungen zueinander betrifft.

   Die Reihenfolge kann auch umgekehrt werden.

2. Es werden zu bestimmten Situationen Standbilder aufgebaut. Dazu muss Folgendes beachtet werden:
   - Geeigneten Platz im Raum/im Freien festlegen (eventuell Podeste nutzen).
   - Personen im Raum/im Freien anordnen.
   - Personen wie Puppen in eine Haltung bringen und eine Mimik vorschreiben, eventuell auch vormachen; die Deutung erfolgt wie bei 1.

➲ Aufgabe 4

Stellvertretende Gedanken Lous

„[...], die Zeit bleibt stehen, mir ist, [...], als gehörte uns die Welt.“ (S. 129, Z. 28–29)

„[...], und dann sitzen wir drei da, vor der Welt geschützt.“ (S. 139, Z. 11–12)

„[...], ich schiebe mich zwischen No und ihn, ich spüre die Wärme ihrer Körper an meinem, und mir ist, als könnte uns niemals etwas zustoßen.“ (S. 139, Z. 18–20)

Lou fühlt sich in diesem Moment stark, geborgen, sicher, geschützt.

SH 44

Die Hauptpersonen im Vergleich

➲ Aufgabe

a) Die Erwachsenen und ihre Eigenschaften
- *Lous Eltern: passiv, pessimistisch*
- *Monsieur Marin, Klassenlehrer: sachlich, realistisch, vernünftig, hilfsbereit*
- *Kioskverkäuferin am Gare d'Austerlitz: ehrlich, vernünftig*
- *Geneviève: ehrlich, direkt*

b) Reaktionen der Erwachsenen auf No verglichen mit der von Lou und Lucas:

Lou und Lucas *nehmen No kompromisslos an; nichts scheint ihnen zunächst unmöglich, sie wollen ihr einfach nur helfen, auch wenn das zum Teil naiv ist.*

Verhalten der Erwachsenen:

- *Monsieur Marin rät Lou im Zuge der Recherchen für ihr Referat dazu, auf sich aufzupassen und vorsichtig zu sein sowie mit den Eltern darüber zu sprechen; außerdem ermutigt er Lou am Ende, dass sie auch in ihrem weiteren Leben auf sich aufpassen solle.*
- *Der Vater von Lou schließt mit No einen Vertrag ab, an den sie sich halten muss – eine Zeit lang hält sie sich daran. Bis sie eines Tages wieder zur Flasche greift und er sie schließlich vor die Tür setzt.*
- *Die Erwachsenen sind vernünftig und reagieren angemessen, während die Jugendlichen die Welt, so wie sie ist, ablehnen, obwohl sie wissen, dass es eigentlich nutzlos ist und die Erwachsenen es nur gut meinen.*

c) Kioskverkäuferin:
Sie ist ehrlich. Sie warnt Lou und rät ihr, die Freundschaft zu No zu beenden. Ihre Theorie scheint sich zu bewahrheiten: Am Ende scheint es, als ob Lou erkannt hat, dass die Kioskbesitzerin Recht hatte.

d) Rolle des Monsieur Marin:
Monsieur Marin gilt als streng und respekteinflößend. Seiner Meinung nach darf man nicht träumen und hoffen, die Welt verändern zu können, da die Welt viel stärker sei. Damit zeigt er einen sehr realistischen Blick auf die Welt. Er steht für Lou wie ein Fels in der Brandung, da er ihr das Gefühl gibt, sie beschützen zu wollen.

Er scheint selbst sehr intelligent zu sein, da Lou erzählt, dass er im Unterricht nie in seine Unterlagen blickt und alles im Kopf hat (S. 205).

Die Nebenfiguren

SH 45

Figur	Charakteristik/Rolle im Roman
Sozialarbeiterin Nos	*Lous Vater nimmt mehrfach Kontakt mit ihr auf: Sie kann jedoch nichts für No tun, wenn diese nicht zu den vereinbarten Terminen erscheint und sich nicht von sich aus meldet.*
Loïc	¬ *Freund von No* ¬ *No lernt ihn im Internat in Frenouville kennen.* ¬ *Er ist älter als No.* ¬ *bei Mädchen sehr beliebt* ¬ *Sie schleichen sich nachts aus dem Internat ins Freie und beobachten Sternschnuppen.* ¬ *Lernt Geneviève kennen und die drei freunden sich sofort an.* ¬ *No möchte, dass Lou mit keinem über Loïc spricht, noch nicht einmal mit Lucas.* ¬ *No berichtet Lou von ihrer gemeinsamen Zeit im Internat: von ihren Streichen, ihren Tricks, vom Kartenspielen und von ihren abendlichen Ausflügen, von ihrer Liebe, ihren Problemen, ihren Träumen, vom gemeinsamen Rauchen und Kaffeetrinken.* ¬ *Loïc ist kriminell: Er hat vor seiner Aufnahme ins Internat eine Bäckerei ausgeraubt und einer alten Dame die Handtasche geklaut.* ¬ *Er kommt schließlich in eine geschlossene Einrichtung für straffällige Jugendliche.* ¬ *Er spielt Poker.* ¬ *Als er 18 ist, verlässt er das Internat, um nach Irland zu gehen: Er verspricht No, ihr zu schreiben und auf sie zu warten.* ¬ *Er schreibt No angeblich Briefe aus Irland.* ¬ *No spart Geld, um eines Tages zu ihm nach Irland zu gehen.* ¬ *Loïc arbeitet angeblich in einem Pub in Wexford und wohnt mit Hunden und Katzen in einem großen Haus auf dem Land; er hat oft Freunde zu Besuch, er verdient anscheinend viel Geld (Lüge? Wunschdenken von No!).* ¬ *Er hat No angeblich Fotos geschickt.* ¬ *Er hat schmale Hände, lockiges Haar, er trägt Totenkopfringe und einen langen schwarzen Mantel.*
Geneviève	¬ *Freundin von No, die sie im Heim kennengelernt hat.* ¬ *Sie arbeitet an der Fleischtheke im Auchan-Supermarkt an der Porte de Bagnolet.* ¬ *dunkle Haare, krauses schwarzes Haar* ¬ *Ihre Eltern kamen bei einem Brand ums Leben.* ¬ *Sie wurde „die Wilde“ genannt, weil sie im Unterricht Wutanfälle bekam und Sachen zerstört hat.* ¬ *Sie besuchte an jedem zweiten Wochenende ihre Großeltern, die in der Nähe von Saint-Pierre-sur-Dives lebten.* ¬ *Schließlich möchte sie etwas aus ihrem Leben machen: Sie geht im selben Jahr vom Internat wie Loïc, um einen Berufsschulabschluss zu machen und zieht dafür nach Paris.* ¬ *Lou besucht Geneviève, um sich nach No zu erkundigen.* ¬ *Lou und Lucas besuchen Geneviève: Leider hat sie auch nichts von No gehört. Sie erzählt, dass Loïc niemals einen Brief an No geschrieben hätte. Dass er in Wexford lebe und in einer Bar arbeite, wisse No lediglich von einem Erzieher aus dem Internat.*

HLM
(Abkürzung für *Habitation à loyer modére*) bezeichnet den sozialen Wohnungsbau in Frankreich und meint die grauen Hochhäuserblöcke in den Pariser Vororten

→ Thematisierung *Vergewaltigung* **Downloadbereich**

Figur	Charakteristik/Rolle im Roman
SUZANNE PIVET	¬ *Mutter von No* ¬ *schöne Frau mit langem schwarzen Haar* ¬ *trägt Miniröcke* ¬ *Sie wurde mit 15 in einer Scheune vergewaltigt.* ¬ *No ging aus der Vergewaltigung der Mutter hervor.* ¬ *Sie verstößt No aus Schamgefühl (Traumatisierungen).* ¬ *Sie schämte sich, brach die Schule ab, aber erstattete keine Anzeige (hatte kein Geld für eine Abtreibung).* ¬ *Nach der Geburt von No arbeitete sie als Putzfrau in einem Supermarkt.* ¬ *No wurde bis zu ihrem 7. Lebensjahr von den Großeltern aufgezogen, die sich liebevoll um das Kind kümmerten, so als wäre es ihre eigene Tochter.* ¬ *Ihre Mutter nahm No nie in die Arme, berührte sie nie, sprach sie nie mit Namen an, konnte nicht in ihrer Nähe sitzen.* ¬ *Lernt mit 18 einen neuen Mann kennen, der in Choisy-le-Roi bei einem Wachdienst arbeitete.* ¬ *Als dieser die Familie verlässt, wird sie zur Alkoholikerin und No muss sich um sie kümmern.* ¬ *Sie ziehen nach Ivry in eine Sozialwohnung und leben dort in einem HLM: No wird von ihrer Mutter herumkommandiert, ohne jemals angesprochen zu werden oder ein ‚Dankeschön' zu bekommen.* ¬ *Sie verliert ihren Job im Supermarkt als Kassiererin.* ¬ *No kümmert sich um sie, geht zum Teil nicht einmal mehr zur Schule.* ¬ *Die Mutter redet nach wie vor nicht mit ihr.* ¬ *Als No eines Tages nach einem angeblichen Sturz im Treppenhaus verletzt in die Schule kommt, wird das Sozialamt informiert und No kommt mit 12 Jahren zu einer Pflegefamilie.* ¬ *Sie hat angeblich einen Sohn.* ¬ *Als No sie besuchen möchte, macht sie ihr die Tür nicht auf (vielleicht, weil sie sich schämt?).*
KIOSKVERKÄUFERIN AM GARE D'AUSTERLITZ	¬ *rothaarige Dame vom Zeitungskiosk am Gare d'Austerlitz* ¬ *Sie warnt Lou und rät ihr, die Freundschaft zu No zu beenden, da die beiden Mädchen in zu unterschiedlichen Welten leben.*
MADAME CORTANCE	¬ *Psychologin, die sich nach dem Tod Thaïs um Lou kümmerte.* ¬ *immer mittwochs bis zum Ende des Jahres* ¬ *Sie führt Intelligenztests durch.* ¬ *Haarknoten auf dem Kopf* ¬ *Ihrer Meinung nach hätten intellektuell frühreife Kinder zwar einerseits eine Fähigkeit, Konzepte zu erfassen, würden aber andererseits an kleinen Situationen scheitern.*
MOULOUD	¬ *Lebte 10 Jahre lang mit seinem Hund auf der Straße in Lous Viertel an einer Straßenkreuzung gegenüber einer Bar.* ¬ *Die Schulkinder unterhielten sich mit ihm.* ¬ *Leute gaben ihm Decken, Kleider und Essen.* ¬ *Er trank Wein aus Plastikflaschen.* ¬ *Kabyle* ¬ *blaue Augen* ¬ *Er war zehn Jahre lang Arbeiter bei Renault, dann verließ ihn seine Frau.* ¬ *Nach einem Schwächeanfall starb er an einer Lungenembolie.* ¬ *Kerzen, Blumen, Briefe wurden ans Metrogitter gelegt, um ihm zu gedenken.* ¬ *Artikel über ihn erscheint in ‚Le Parisien'.*

Die Aufgabe, den Zeitungsartikel über Mouloud (Buch S. 79/80) zu verfassen, findet sich im SH auf S. 14.

→ Hilfestellung/Lösungsvorschlag *Zeitungsartikel* | **Downloadbereich**

Handlungsentwicklung

Schlüsselstelle des Romans

SH 45

➲ Aufgabe 1

Zitat im Gesamtzusammenhang:

Lous Vater befindet sich auf Geschäftsreise. Die Mutter, Lou und No genießen die Zeit zu dritt und Lous Mutter beginnt, nach und nach Anekdoten aus Lous Kindheit zu erzählen. Lou ist überrascht, dass ihre Mutter tatsächlich Erinnerungen an ‚vorher' zu haben scheint und freut sich darüber. No scheint interessiert und stellt viele Fragen. So kommt es, dass die Mutter plötzlich von Thaïs erzählt. No wirft Lou einen vorwurfsvollen Blick zu, weil sie nicht verstehen kann, dass Lou nie etwas davon erzählt hat.

➲ Aufgabe 2

Schlüsselstelle des Romans: *Die Mutter erzählt No von Thaïs.*

➲ Aufgabe 3

Wandlung Anouks	Wandlung Nos	Wandlung Lous
• dosiert Medikamente niedriger • *kauft sich neue Kleider* • *benutzt Wimperntusche und Lippenstift* • *möchte wieder halbtags arbeiten gehen*	• weint viel • *möchte ihre Mutter plötzlich sehen* • *erleidet einen Zusammenbruch* • *wird rückfällig, nimmt Medikamente und trinkt* • *sie wechselt den Job und arbeitet nachts* • *isst nichts mehr* • *schläft den ganzen Tag* • *zieht sich zurück* • *lässt keinen mehr an sich heran*	• kommt nicht mehr an No heran • *ist eifersüchtig, da sie es nicht geschafft hat, die Liebe und Zuneigung ihrer Mutter zurück zu gewinnen* • *ist schockiert, weil das Geheimnis gelüftet wurde* • *verzweifelt* • *findet Halt bei Lucas* • *gibt nicht auf, kämpft um No* • *beginnt, die Zeit nach dem Tod von Thaïs aufzuarbeiten: indem sie sich an die Szene im Park erinnert und daran, dass sie stark sein muss; indem sie ihre Eltern mit ihrer Wut konfrontiert*
⬇	⬇	⬇
• nimmt wieder am Leben teil	• nimmt nicht mehr am Familienleben teil • muss die Familie verlassen	• entwickelt ihre Persönlichkeit weiter

➲ Aufgabe 4

Worin erkennst du Parallelen zu dem Verhalten der Mutter nach Thaïs' Tod?

- *Die Mutter nach Thaïs' Tod → Lou versucht mit No zu sprechen, aber No reagiert nicht: „Da dachte ich an Mamans Blick nach Thaïs' Tod, [...]." (S. 183, Z. 29)*
- *No liegt nur noch zusammengekrümmt auf ihrem Bett und schläft → die Mutter kommt nicht mehr aus ihrem Zimmer*
- *No nimmt nicht mehr am Familienleben teil → die Mutter hat sich aus dem Familienleben ausgeklinkt*
- *No lässt keinen mehr an sich heran → die Mutter kapselt sich völlig ab*

SH 47

Das Ende des Romans

Die letzten fünf Kapitel des Romans sind aus mehreren kurzen Textpassagen zusammengesetzt und erzählen von den verschiedenen Personen und Beziehungskonstellationen, die sich im Laufe des Romans ergeben haben.

➲ **Aufgabe 1**

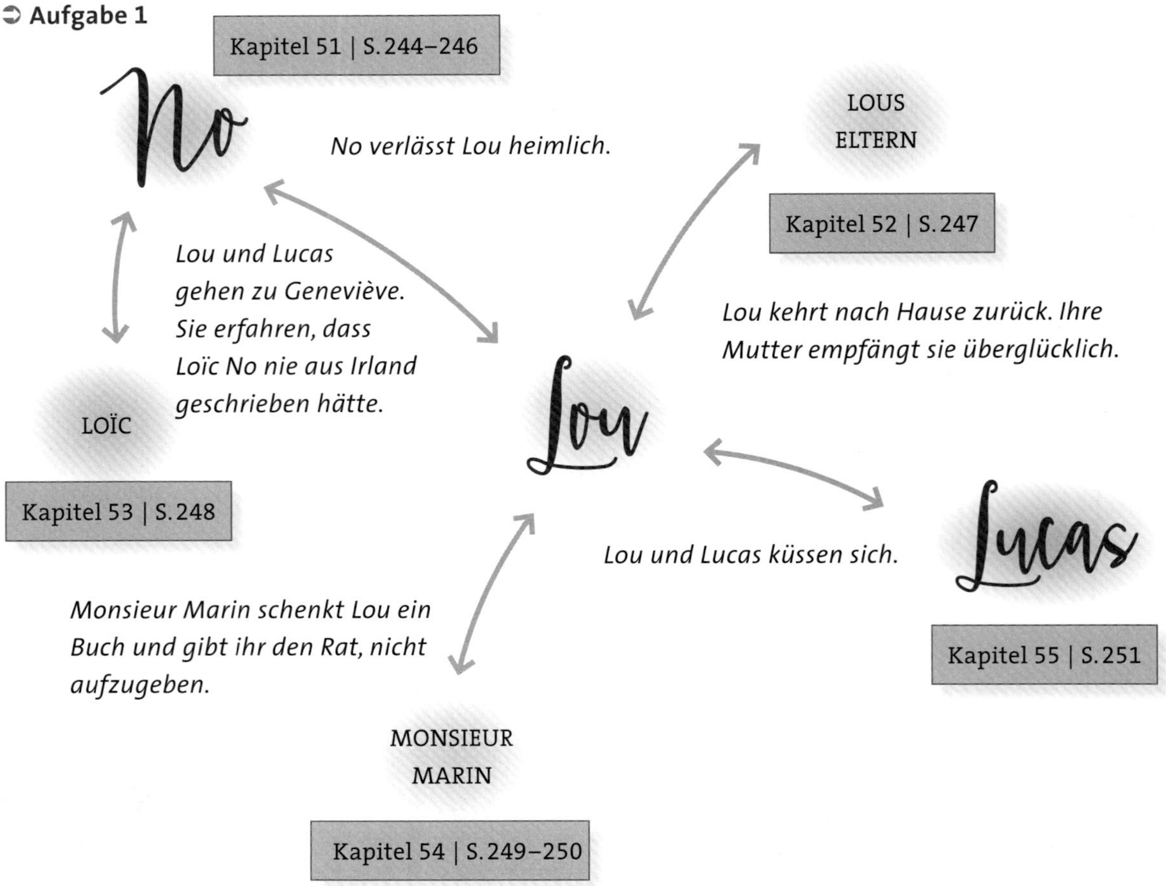

➲ **Aufgabe 2**

a) Das Geschenk von Monsieur Marin an Lou:

Monsieur Marin schenkt Lou am Ende ein Buch, welches für ihn als junger Mensch offensichtlich sehr wichtig war. Er gibt ihr außerdem eine moralische Botschaft – eine Art Lebensweisheit – mit auf den Weg („»Geben Sie nicht auf.«" S. 250, Z. 21); sein Rat ist fast schon väterlich. Worum es im besagten Buch geht, wissen wir nicht; anzunehmen wäre, dass es um hochbegabte, hochsensible Menschen geht (ist er etwa auch einer und konnte Lou daher so gut verstehen?).

b) Deutung des letzten Satzes des Romans:

Dieser Satz bringt die Erfahrungen zum Ausdruck, die Lou machen musste. Sie wurde konfrontiert mit verschiedenen Herausforderungen des menschlichen Lebens (erste Liebe, der Entzug von Liebe, Freundschaft usw.), an denen sie gewachsen ist und die ihr geholfen haben, sich ihre eigene Meinung zu bilden und sich weiterzuentwickeln. Zu ihrem intellektuellen Wissen und der Menschenerfahrung hat sie auch in Sachen Liebe dazugelernt.

SH 48

c) Wichtige (Lebens-)Erfahrungen Lous:

- *Sie hat die Härte des Lebens, das menschliche Elend, kennengelernt (durch No).*
- *Sie hat die menschliche Zerbrechlichkeit als Teil unseres Lebens erfahren (durch ihre Mutter).*
- *Sie hat gelernt, was es heißt, Partei zu ergreifen und sich zu engagieren.*
- *Sie hat sich zum ersten Mal verliebt und ihren ersten Kuss bekommen (und weiß endlich, wie sich Küssen anfühlt).*
- *Sie merkt, dass ihr die Familie doch wichtig ist.*
- *Werden „die Dinge" am Ende doch gut?*

Nach der Lektüre

Diskussionsthemen

A Auch nach Nos Verschwinden geht das Leben der drei Protagonisten Lou, No und Lucas weiter. Wenn sich Delphine de Vigan dazu entscheiden würde, ihre Geschichte weiterzuerzählen, wie könnte der Roman dann weitergehen?

B Wie könnte ein Wiedersehen zwischen Lou, No und Lucas nach zehn Jahren ablaufen? Spielt die Szene nach.

Didaktisch-methodischer Hinweis *Szenisches Spiel* | **LH 37**

C Wie siehst du das Ende des Romans: Gibt es ein Happy End? *(Interview mit Delphine de Vigan im Downloadbereich)*

→ Lou und Lucas küssen sich! Das ist doch ein Happy End!

→ **Methode Blitzlicht:** Die Schülerinnen und Schüler geben ein kurzes Statement ab, ob es in ihren Augen ein Happy End gibt.

Stil und Sprache

Sprachliche Gestaltungsmittel

SH 49

➲ Aufgabe

a)

Sprachliche Gestaltung	Sprachliches Mittel	Beispiel, Seitenangabe	Interpretation, Wirkung auf den Leser
SATZBAU (SYNTAX)	*Hypotaxe*	„No und ich gehen zu Fuß zurück; die Schals um den Hals gewickelt, stemmen wir uns gegen den Wind, wir könnten kilometerweit so gehen, Seite an Seite, immer weiter geradeaus, wir könnten anderswohin gehen, um zu sehen, ob das Gras dort grüner ist und das Leben weniger hart, weniger schwierig." (S. 139, Z. 22–27)	*Lous Gedankenstrom, der nicht enden will und der den Leser ganz tief in ihr Innenleben blicken lässt: Sätze, die sich scheinbar endlos aneinanderreihen.*
WORTWAHL	*Umgangssprache / Jugendsprache*	„In Wahrheit kann ich mir nicht einmal richtig die Schuhe zubinden und bin mit lauter beschissenen Funktionen ausgestattet, die zu nichts gut sind." (S. 192, Z. 3–6)	*Schaffung von Nähe*
REDE	*wenig direkte Rede/ wenige Dialoge*	„Und da gerät Lucas in eine Höllenwut, er presst sie gegen die Wand, er schreit, er ist außer sich, so habe ich ihn noch nie gesehen, was tust du, No, brüllt er, was tust du, er schüttelt sie mit aller Kraft, antworte mir, No, was tust du?" (S. 228, Z. 26–30)	*Eine Art Selbstgespräch, was dem Romangeschehen einen dramatischen und emotionalen Charakter verleiht.*

Sprachliche Gestaltung	Sprachliches Mittel	Beispiel, Seitenangabe	Interpretation, Wirkung auf den Leser
	indirekte Rede	„Wir möchten zum Flohmarkt in Montreuil gehen. No will nicht, dass ich die Wahrheit sage. Er steht auf, er könne uns hinbringen, bietet er an, aber das rede ich ihm mit wenigen Sätzen aus, er solle sich lieber ausruhen, über die Station Oberkampf kämen wir direkt mit der Metro dorthin." (S. 166, Z. 11–16)	*Lou als Erzähler bleibt so im Vordergrund des Geschehens; der Leser distanziert sich auf die Nebenpersonen und bekommt alles aus der Sicht von Lou vermittelt.*
SH 50 Erzähltechnik	*Ich-Perspektive/ innerer Monolog/ Bewusstseinsstrom*	„Es ist noch nicht Mittag, wir kommen in die Wohnanlage, und als wir vor dem Block stehen, zeigt sie mir das Fenster, hinter dem ihr Schlafzimmer lag, die Vorhänge sind zugezogen. Wir gehen leise die Treppe hinauf, ich spüre, wie meine Beine unter mir nachgeben, ich bekomme kaum Luft." (S. 167, Z. 20–25)	*Lou lässt den Leser aus der Ich-Perspektive an ihren Gefühlen und Erlebnissen teilhaben. Die zum Teil ungeordnete Folge von Wahrnehmungen, Gedanken, Erinnerungen und Gefühlen Lous schaffen Nähe zum Leser.*

b) Rhetorische Mittel und ihre Interpretation/Wirkung.

Ellipse Zitat: 5.

Unvollständige Sätze: Unwichtige Teile des Satzes werden ausgelassen, um bestimmte Worte (den Inhalt) besonders zu betonen/hervorzuheben.

Hyperbel Zitat: 6.

Starke Übertreibung; verstärkt und betont das Gesagte: No besitzt zum Leben nur das, was in den Koffer passt.

Metapher Zitat: 3.

Etwas Klebriges ist nur schwer zu entfernen; es ist immer da; die Wände umschließen einen zu Hause und haben doch eigentlich die Aufgabe, einen zu beschützen.

Vergleiche Zitat: 1.

Vergleiche mit der Mathematik: Lou ist hochbegabt und würde sicher gerne vieles im Leben mit mathematischen Formeln lösen.

Neologismus Zitat: 7.

Seufzen ist eine Lautäußerung, die negative Gefühle zum Ausdruck bringt und eine erleichternde Wirkung hat: Lou möchte sich befreien und hat den Wunsch, sich leicht zu fühlen; warum wohl?

Symbole Zitat: 2.

Das unangenehme Gefühl, einen Knoten im Bauch zu haben, zeigt, wie Lou sich tatsächlich fühlt.

Wiederholungen Zitat: 4.

Übersetzung von voilà: Da haben wir es! Sieh da!
Voilà ist ein Ausrufewort und drückt eine Empfindung aus.

Gegensatz Zitat: 10.

Der Gegensatz *Schreie – Schweigen* drückt die Verzweiflung Lous aus.

Neologismus Zitat: 8.

Wortneuschöpfung: Drückt die Stimmung Lous aus.
Sie möchte, dass der Moment schnell vorüber ist.

Vergleich Zitat: 11.

Lous Wunsch, nicht gesehen zu werden → es zeigt ihre Unsicherheit, ihre Angst, ihre Schüchternheit.

Hyperbel Zitat: 9.

Lous Wunsch, nicht gesehen zu werden → es zeigt ihre Unsicherheit, ihre Angst, ihre Schüchternheit.

Zeit

➲ Aufgabe

a) *Präsens*

b) *Das Präsens vermittelt Nähe und Gegenwart und führt dem Leser im Fall von Lou und No die Realität vor Augen.*

c) *Die Zeitform ändert sich vom Präsens zum Präteritum – und zwar dann, als Lou beginnt, sich zurückzuerinnern an die erste Begegnung zwischen ihr und No.*

d) *Phasen des Glücks (die Geburt des lang ersehnten Geschwisterchens, der Zauber des Anfangs zu Hause, die Geschwisterliebe) werden durch Lous Gedanken an die harte Realität unterbrochen (der Schrei, die verbotenen Erinnerungen).*

e) *Der Zeitraum umfasst ca. ein Schuljahr: Es wird erzählt von September/Oktober über die Weihnachtsferien, Januar (Winter), Februar (Winter) bis zum Frühjahr (Ostern). Am Ende (S. 248) vergehen einige Wochen, in denen der Leser nicht erfährt, was passiert ist. Das Buch endet mit dem letzten Schultag vor den Sommerferien.*

f) *Die erzählte Zeit ist länger als die Zeit, die für das Erzählen (= Lesen) benötigt wird; somit liegt eine Zeitraffung vor.*

Orte des Romans

SH 52/53

Gare d'Austerlitz
Bahnhof im 13. Arrondissement
Erste Begegnung zwischen Lou und No.

Relais d'Auvergne
Café/Brasserie, 13. Arrondissement
Erstes Treffen Lou und No: vergilbte Wände, abblätternder Anstrich, Wandlampen aus geschliffenem Glas, altmodische Bilder, gereizte Art des Kellners.

Lous Zuhause
in der Nähe des Cirque d'Hiver, 11. Arrondissement
Hier wohnt Lou mit ihren Eltern.

Lucas' Zuhause
zwischen der Schule und dem Zuhause von Lou
Hier lebt Lucas alleine in einer Fünfzimmerwohnung.

Auchan Supermarché
Porte de Bagnolet; am östlichen Rande von Paris
Supermarkt, in dem Geneviève arbeitet.

Suppenküche Saint-Eustache
1. Arrondissement
Hier hält sich No manchmal auf.

Ivry-sur-Seine
Gemeinde 7 km südöstlich von Paris
Sozialwohnung von Nos Mutter

Boulevard Richard-Lenoir
breite Straße im 11. Arrondissement
Lou läuft manchmal über den Boulevard nach Hause und beobachtet die Obdachlosen, die sich in den Parks direkt neben der Straße auf den Grünanlagen, aufhalten: die Obdachlosen mit ihren Taschen, Hunden, Schlafsäcken, Bierflaschen. Viele junge Mädchen sind dort: strähniges Haar, alte Schuhe, kaputte Gesichter, rissige Hände, vor Dreck starre Kleidung, Zahnlücken.

Opéra Bastille
12. Arrondissement
In der Nähe des Hotels, wo No als Zimmermädchen Arbeit findet

Rue de Charenton
12. Arrondissement
Gegenüber der Haltestelle des Busses Nr. 29 stehen die Zelte eines obdachlosen Jungen, bei dem No ein paarmal übernachtet hat. Lou besucht ihn auf ihrer Suche nach No.

Suppenküche Rue Clément
6. Arrondissement
Dort hält sich No manchmal auf; hier findet Lou nach tagelanger Suche No wieder.

Notunterkunft Val-de-Marne
südöstlich von Paris
No hat dort 14 Tage lang geschlafen: Man muss morgens ab 8.30 Uhr die Unterkunft verlassen und abends bis 19 Uhr zurück sein.

Neuilly-sur-Seine
Wohnort nordwestlich von Paris
Mutter von Lucas und deren Freund leben dort; Lucas wird nach den Sommerferien auch dorthin ziehen.

Fontaine des Innocents
Brunnen im 1. Arrondissement
Lou und No verbringen ihren letzten Tag zusammen dort.

Boulevard de Strasbourg
3. Arrondissement
Hotel, in dem Lou und No ihre letzte Nacht gemeinsam verbringen.

Gare Saint-Lazare
Bahnhof im 9. Arrondissement
Von hier wollen No und Lou ihre Reise nach Irland antreten. No verlässt Lou an dieser Stelle.

Schule
am östlichen Rand von Paris
Gymnasium, das Lou und Lucas besuchen.

SH 54

Die wichtigsten Orte

Bahnhof

1. 60-SEKUNDEN-BRAINSTORMING:
   Blicke, Gesten, Bewegungen; man weiß nicht wohin und warum Leute gehen; Gefühle/Gefühlsbewegungen; Abschied/Begrüßung; Liebespaare trennen sich; Großmütter reisen ab; alle möglichen Leute treffen aufeinander: Junge, Alte, Dicke, Magere, gut Gekleidete, schlecht Gekleidete; Obdachlose; Straßenkünstler; Geschäftsreisende; Familie, Bahnhof als Ort der Sehnsucht; aber auch als Ort des Verbrechens, Drogenmilieu …

2. Gefühle:
   Liebe, Freude, Trauer, Aufregung, Stress, Anspannung, Angst, Sehnsucht, Fernweh, Heimweh, Schmerz, Glück, Stolz, Vorfreude, Sentimentalität

3. Bedeutung „Gefühlsbewegungen":
   Am Bahnhof treffen Ankommende auf Wartende und umgekehrt. Gefühle äußern sich auch in Bewegungen, z. B. wenn man eine Person entdeckt, auf die man sich freut und auf die man sehnsüchtig gewartet hat. Lou ist ein sehr sensibler Mensch, der die kleinsten Gefühlregungen bei Menschen wahrnimmt.

4. Warum sich Lou an Bahnhöfen so wohlfühlt:
   Weil sie zu Hause keine Gefühlsregungen von ihren Eltern bekommt, scheint sie die Gefühlswelt an Bahnhöfen regelrecht zu suchen.

5. Der Bahnhof als Metapher für das Leben:
   Am Bahnhof spiegelt sich das normale Leben wider: Die unterschiedlichsten Menschen treffen aufeinander. So auch No und Lou mit ihrer eigenen Lebensgeschichte. So, wie das Leben die unterschiedlichsten Gefühle und Begegnungen beinhaltet, bunt und facettenreich ist, sind es auch die Bahnhöfe.

Schule/Klassenzimmer

1. Schule ist für Lou der einzige Ort, *an dem sie Lucas sieht und für mehrere Stunden am Tag der Trauer ihrer Familie entkommen kann.*
2. Andererseits *fühlt sie sich unwohl, weil sie die Jüngste und Kleinste ist. Außerdem ist sie schüchtern und hat Angst davor, aufgerufen zu werden oder vor der Klasse sprechen zu müssen.*
3. Nach ihrem Referat *gewinnt sie an Selbstvertrauen und auch an Ansehen innerhalb der Klasse: Sie wird durch die Freundschaft zu Lucas plötzlich von anderen zu Partys eingeladen und ergreift für andere Mitschüler Partei. Außerdem spürt sie, dass Monsieur Marin es gut mit ihr meint und ihr helfen möchte, sich im Leben zurechtzufinden.*

SH 55

Zu Hause bei Lou

Lou möchte nicht nach Hause gehen, weil dort alles trist scheint:

- *die Trauer der Eltern, die nie wieder wegzugehen scheint (weil sie „an den Wänden klebt")*
- *die Mutter, die sie nur noch aus leeren Augen anschaut (keine Liebe mehr)*
- *die Fotos aus vergangenen Zeiten, die in „Schachteln vergraben" sind (Man darf sich nicht mehr an alte Zeiten erinnern.)*
- *die Fischstäbchen (die es scheinbar öfters gibt, seit der Vater das Kochen übernommen hat)*

Zu Hause bei Lucas

1. *Obwohl in der Wohnung überall Bilder hängen, findet in dieser Wohnung kein Familienleben statt: Vater und Mutter sind weg, die Putzfrau macht alles blitzblank, der Kühlschrank ist gefüllt, aber das eigentlich Wichtige fehlt, nämlich die Menschen, die eine Wohnung mit Leben füllen.*

2. Zu Hause bei Lucas fühlen sie sich
   - *„[...] allein und frei.“(S. 138, Z. 26), „[...], vor der Welt geschützt.“ (S. 139, Z. 12)*
   - *„[...], und mir ist, als könnte uns niemals etwas zustoßen.“ (S. 139, Z. 19–20)*

Irland – ein fiktiver Ort?

Irland =

- *das Leben auf den Werbeplakaten in der Metrostation: ruhig, friedlich, glückliche Menschen*
- *das Leben ist (vielleicht) einfacher dort*
- *Schlösser, Hügel, Herrenhäuser, Steilfelsen, Lagunen*
- *„ [...], wo das Gras grüner ist und der Himmel weiter [...].“ (S. 241, Z. 18–19)*
- *endloser Himmel*

Irland stellt für No den Ort dar, an dem *angeblich Loïc auf sie wartet, obwohl er ihr nie geschrieben hat. Sie hält sich an der Illusion fest, dass es jemanden gibt, der tatsächlich auf sie wartet. Ihren Reiseplan hat sie bereits bis ins Detail durchgeplant.*

Irland stellt für Lou den Ort dar, an dem *sie sich ausmalt, dass die Welt in Ordnung sei – und zwar nicht nur für No, sondern auch für Lou: keine Obdachlosen, keine traurige Maman, keine Schule.*

Vertiefung der Themen und Motive

SH 56

Themenplakat

Obdachlosigkeit: *Jugendobdachlosigkeit in Paris, in Großstädten; Armutsschere, die auseinanderklafft; Prostitution; Vergewaltigung; Traumatisierungen; Alkohol: Spiegel der Gesellschaft, immer früher ein Thema. Alkohol als Symptom für gesellschaftliche Themen: Warum trinken Obdachlose? Einsamkeit.*

Erwachsenwerden: *Rolle der Familie bei der Adoleszenz (Endphase des Jugendalters); Kindheit; Mutter-Kind-Beziehung; Plötzlicher Kindstod.*

Zwischenmenschliche Beziehungen: *menschliche Zerbrechlichkeit als Teil unserer Substanz; Erziehung/strenge Schule; Grundbedürfnis: Liebe; Gewalt: Gewalt in Beziehungen.*

Menschliche Werte: *Welche menschlichen (christlichen) Werte stehen im Roman im Vordergrund? Hilfsbereitschaft, Nächstenliebe.*

Leben: *Welches Leben ist das richtige und welches Leben möchte ICH leben?*

Normalsein: *Wer bestimmt, was normal ist und was nicht? Hochbegabung.*

Kindheitserinnerungen

Lou – Erinnerungen an früher: Als ich klein war...

Vor Thaïs' Tod:

- S. 43: *Lou erinnert sich, wie sie ihrer Mutter beim Schminken zusah: „[...], ich roch ihren Duft, ich wusste nicht, dass es so zerbrechlich war, ich wusste nicht, dass die Dinge aufhören können, einfach so, und nie wiederkommen." (S. 43, Z. 16–19)*
- S. 93/94: *Lou erinnert sich an kleine Details, die sie mit ihrer Mutter/Kindheit verbindet, z. B. Schokolade auf Brotscheiben schmelzen lassen, Blut auf Schürfwunden beobachten, Kopf nach unten hängen lassen usw.*
- S. 213: *Lou erinnert sich an ihre Mutter, wie sie früher war: wie sie auf dem Boden Playmobil spielten, wie sie sich Geschichten ausdachten.*

Nach Thaïs' Tod:

- S. 213: *Lou erinnert sich an einen Herbstabend, als sie neun oder zehn Jahre alt war: Sie stürzte mit dem Rad im Park, aber ihre Mutter nahm es einfach nicht wahr. Eine fremde Dame half Lou und kümmerte sich um sie.*

Lous Mutter: Anouk Bertignac

1. Veränderungen der Mutter nach Thaïs' Tod:
   Die Mutter wird krank nach Thaïs' Tod (schwere Depression), spricht und isst nicht mehr, steht nicht mehr auf, kommt in eine Klinik für Depressionen, kann sich nicht mehr um ihre Tochter kümmern und schickt diese auf ein Internat.

SH 57

2. Die kleinen Veränderungen, die Lou wahrnimmt:
   Sie zieht sich an, sie kocht, sie bleibt während des ganzen Essens über am Tisch, blättert wieder in Zeitschriften und leiht sich Bücher aus, besucht Ausstellungen, schminkt und frisiert sich, stellt Fragen, erzählt, verabredet sich mit Freundinnen und ehemaligen Kolleginnen, kauft sich neue Kleidung, trägt Ohrringe, dosiert ihre Medikamente niedriger, möchte wieder halbtags arbeiten.
3. Erklärung für die Veränderung: *Anouks Mitgefühl scheint plötzlich geweckt und ihre Mutterinstinkte kommen wieder.*
4. Reaktion Lous: *Lou nimmt jede Veränderung ihrer Mutter intensiv wahr und ist anfangs glücklich, dass es ihr langsam wieder besser geht und sie am Leben teilnimmt. Doch als der Kontakt und das Vertrauen zwischen ihrer Mutter und No stärker werden, fühlt sich Lou zunehmend ausgeschlossen.*
5. Veränderung No: *Als die Mutter wieder zu sprechen anfängt und von sich und Lous Kindheit erzählt, beginnt auch No, Stück für Stück ihre Lebensgeschichte auszupacken. Es geht ihr zunehmend besser und sie blüht auf. Sie findet schließlich sogar Arbeit.*
6. Eines Abends erinnert sich Anouk an früher und *erzählt von Lous Kindheit und spricht plötzlich über den Tod der kleinen Thaïs.*

AB *Lou & No* | **SH 38**

AB *Schlüsselstelle* | **SH 46**

Lous Vater: Bernard Bertignac

SH 58

1. Figurenkarten

Info

Auf einer FIGURENKARTE werden stichpunktartig die wichtigsten Informationen der Figur festgehalten. Das können auch Textstellen sein. Man kann wie in einem Steckbrief vorgehen oder die Figuren auch selbst zu Wort kommen lassen. Ebenso kann man Veränderungen und Entwicklungen der Figuren festhalten, die diese im Laufe der Handlung durchleben.

- Name
- Aussehen
- Beruf
- Lebensumstände
- Stärken und Schwächen
- ...

Informationen zur Figur Bernard Bertignac

- *warmherzig, liebevoll, wird nie wütend*
- *macht Lou Geschenke (Wissensbücher)*
- *kümmert sich aufopferungsvoll um Lou und ihre Mutter und nimmt die Mutter immer in Schutz*
- *arbeitet in einem Büro und hat ein Team von 25 Mitarbeitern unter sich; er hat eine Vorliebe für Planungen, Projekte und Wachstumskurven*
- *besorgt: als er auf Geschäftsreise geht, erkundigt er sich permanent, ob die Mutter ohne ihn klarkomme; ruft einmal wöchentlich die Sozialarbeiterin an, um sich nach Nos Verbleib zu erkundigen*

2. Seit dem Tod von Thaïs versucht der Vater mit aller Kraft, *eine Familienidylle aufrechtzuerhalten aber trotzdem fühlt sich Lou immer wieder alleine gelassen.*

SH 59

Einsamkeit

➲ Aufgabe 1

Lucas *Lucas hat keine wahren Freunde, seine Eltern lassen ihn alleine in der großen Stadtwohnung zurück. Die Eltern kompensieren ihre Abwesenheit durch Schecks, die sie ihm regelmäßig zukommen lassen, d.h. sie kümmern und sorgen sich finanziell um ihn; emotional wird er jedoch vernachlässigt. Lucas ist dennoch stark genug, seine Einsamkeit zu überwinden und ein Erwachsener zu werden, der von sich überzeugt ist.*

Lou *Obwohl Lou behütet aufwächst und geliebt wird, fühlt sie sich einsam. Sie weiß ganz genau, wann die Einsamkeit in ihr Leben trat: mit dem Tod ihrer kleinen Schwester Thaïs – und der dadurch ausgelösten Traumatisierung ihrer Mutter. Ganz konkret auch mit dem Schlüsselmoment, als sie eines Tages nach dem Tod ihrer Schwester im Park vom Fahrrad fällt und ihre Mutter nicht mehr in der Lage ist, sich um sie zu kümmern, da sie zu sehr in ihrem eigenen seelischen Schmerz gefangen ist und den Sturz gar nicht zu bemerken scheint, um zu reagieren.*
Durch die Freundschaft zu No und Lucas hat sie zum ersten Mal wieder das Gefühl, nicht alleine zu sein – und trotzdem hat sie nach wie vor die Angst, alleine gelassen zu werden – was am Ende ja auch geschieht: No verlässt sie und Lucas wird zu seiner Mutter ziehen.

No *No ist ein verlassenes Kind, das von seiner eigenen Mutter mehrmals im Stich gelassen wurde. Selbst auf der Straße ist man alleine, obwohl es noch so viele Obdachlose um einen herum gibt („Auf der Straße hat man keine Freunde." S. 57, Z. 14). Als No Lou ihr einziges Kinderfoto zeigt, erkennt Lou, dass No selbst auf dem Foto einsam wirkt oder zu sein scheint: „Sie ist ein kleines Mädchen, das ganz allein ist auf der Welt, ein verlassenes Mädchen." (S. 161, Z. 2–3)*

➲ Aufgabe 2

- *„Wochenlang träumte ich, dass er eines Tages das Gaspedal bis aufs Bodenblech durchtreten und uns alle drei gegen die Wand des Parkhauses schleudern würde, für immer vereint." (S. 52, Z. 9–12)*
- *„Ich möchte ihr sagen, dass ich sie brauche, dass ich nicht mehr lesen kann, nicht mehr schlafen, dass sie nicht das Recht hat, mich so allein zu lassen […]." (S. 90, Z. 26–28)*
- *„[…] ich möchte ihr sagen, dass sie mir fehlt, obwohl sie es ist, der es an allem fehlt, an allem, was man zum Leben braucht, aber ich bin auch ganz allein, und ich wollte sie abholen." (S. 91, Z. 1–4)*
- *„Aber ich hatte Angst. Angst, dass No weg wäre. Angst, ganz allein zu sein, wie vorher." (S. 177, Z. 29–30)*
- *„Los ist zum Beispiel, dass auch ich es satthabe, satt, satt, satt, ganz allein zu sein […]." (S. 222, Z. 1–2)*

Der Kleine Prinz

AB *Der Kleine Prinz* | **SH 62**

„Die Dinge sind, wie sie sind."

SH 60/61

Info

Auffallend oft verwendet die Autorin eine Redewendung, in der *die Dinge* vorkommen, ein sogenanntes LEITMOTIV, das in der Regel mit einer bestimmten Stimmung oder Entwicklung verbunden ist. Leitmotive können in verschiedenen Formen auftauchen, z.B. als sprachliche Bilder, als Dingsymbol oder als Redewendung.

➲ Aufgaben

1. Woran man das Leitmotiv erkennt:
   - *‚Die Dinge' werden immer kursiv geschrieben.*
   - *Es taucht immer wieder an verschiedenen Stellen auf.*
   - *Es zieht sich wie ein roter Faden durch den Roman.*

2.

Seite	Textstelle/Zitat	Stimmung/Entwicklung Lous
69 Z. 14–16	„*Die Dinge sind, wie sie sind.* Aber ich glaube, man muss die Augen weit offen halten. Als ersten Schritt."	*Schlusssatz/Botschaft in Lous Referat: Wenn man etwas ändern möchte, darf man nicht wegschauen.*
81 Z. 2–5	„*Die Dinge sind, wie sie sind,* und gegen viele kann man nichts tun. Wahrscheinlich ist es das, was man akzeptieren muss, [...]."	*Lou kann nicht verstehen, dass es in der Gesellschaft Menschen gibt, die Hunde bei sich aufnehmen, aber Obdachlose nicht.*
105 Z. 1–5	„Und wenn wir beschlössen, uns gegen das zu stellen, was man tut oder nicht tut, wenn wir beschlössen, dass *die Dinge* anders sein können, [...]."	*Lou denkt darüber nach, No zu sich und ihrer Familie zu holen, obwohl das gegen den Willen der Gesellschaft wäre.*
109 Z. 4–5	„Also können *die Dinge* anders sein, also kann das unendlich Kleine groß werden."	*Lou ist überrascht, als ihr Vater einverstanden ist mit dem Vorschlag, No aufzunehmen.*
178 Z. 20–22	„So sind sie also, *die Dinge,* dachte ich. Die Dinge, gegen die man nichts tun kann."	*Lou ist geschockt, als sie durch Paris fährt und die vielen Obdachlosen sieht.*
180 Z. 14–15	„Die Zeit vergeht, und *die Dinge* werden nie wieder sein, wie sie waren."	*Lou leidet unter Schlafstörungen, denn sie spürt, dass No sich zum Negativen verändert.*
191 Z. 21–23	„Ich glaubte, man könne den Lauf der *Dinge* aufhalten, dem Programm entfliehen. Ich glaubte, das Leben könne anders sein."	*Lou kann nicht verstehen, dass No weg ist und sie es nicht verhindern konnte.*
192 Z. 6–9	„In Wahrheit sind *die Dinge, wie sie sind.* Die Wirklichkeit gewinnt immer die Oberhand, und die Illusion rückt in die Ferne, [...]."	*Lou ist frustriert, traurig und wütend.*
205 Z. 19–23	„Irre, wie normal *die Dinge* scheinen können. Wenn man sich ein bisschen Mühe gibt. Nicht unter den Teppich sieht. Fast könnte man glauben, man lebe in einer vollkommenen Welt, [...]."	*Obwohl die Welt um sie herum alles andere als in Ordnung ist, läuft in der Schule dasselbe, normale Programm ab; Lou kritisiert die Oberflächlichkeit der Gesellschaft.*
208 Z. 1–4	„[...], ich verstehe nicht, warum *die Dinge* ins Wanken geraten, [...], warum das Leben seine Versprechen nicht hält."	*Lou ist eifersüchtig und versteht einmal mehr nicht, warum Lucas nicht voll und ganz für sie da sein kann.*

Seite	Textstelle/Zitat	Stimmung/Entwicklung Lous
208 Z. 17–18	„Wir gehen gegen den Strom der *Dinge*. Wir sind durch denselben Eid gebunden.“	*Lou fühlt sich wegen No so stark mit Lucas verbunden, dass sie ihn nicht verlieren möchte.*
210 Z. 13–21	„Das ändert vielleicht nicht den Lauf der *Dinge*, aber es macht einen Unterschied. [...] Vorher glaubte ich, *die Dinge* hätten eine Bestimmung, einen verborgenen Sinn.“	*Lou klammert sich immer noch an die Hoffnung, No retten zu können.*
212 Z. 24–26	„Ich mag es nicht, wenn *die Dinge* verblassen, sich verlieren, ich mag nicht so tun, als hätte ich es vergessen. Ich vergesse es nicht.“	*Lou mag nicht, dass ihre Eltern ein neues Leben beginnen und das alte aus ihrem Gedächtnis löschen wollen, indem sie ausmisten und renovieren.*
218 Z. 18–21	„Jeder hat sein eigenes Leben. Letzten Endes hat No doch recht. [...] Es gibt *Dinge*, die lassen sich nicht vermischen.“	*Lou erkennt traurig, dass sie Lucas nicht besitzen kann.*
236 Z. 9–11	„[...], ich habe mich für ein anderes Leben entschieden, ich muss bis ans Ende gehen, bis ans Ende der *Dinge*, [...].“	*Lou entscheidet sich, ihre Eltern zu verlassen und mit No auf die Reise zu gehen.*
238 Z. 1–3	„So können *die Dinge* kippen, dachte ich, genauso, ohne Vorwarnung, ohne Schild, so können *die Dinge* aufhören und nie wiederkommen.“	*Lou begibt sich auf die Flucht mit No: Sie sieht in diesem Moment keinen anderen Ausweg.*

3.

a) *Individuelle Schülerlösungen*

b) *„Die Dinge“ ist für Lou die Welt der Erwachsenen: die Vorgaben, Regeln, Normen, Gesetze; der Strom des Lebens; die Realität; die Oberflächlichkeit der Gesellschaft (es gibt keinen Platz für Träume und Illusionen; man darf nicht näher hinschauen).*

4. *Lou möchte sich mit dieser Antwort nicht zufrieden geben. Sie kann und will nicht akzeptieren, dass die Welt – die Dinge – sind, wie sie sind. Das Argument der Erwachsenen möchte sie einfach nicht akzeptieren. Am Beispiel von No: Sie will No helfen und verhindern, dass No weiterhin auf der Straße lebt, auch wenn sie von Seiten der Erwachsenen immer wieder hört, dass sie nichts daran ändern werden kann.*

5. *Lou erkennt mit der Zeit, dass es normal ist, dass die Dinge kippen können – dass es immer wieder Veränderungen gibt, man Entscheidungen treffen muss und dass das Leben einem nichts versprechen kann. Mit dieser wichtigen Erkenntnis scheint sie am Ende tatsächlich reifer und erwachsener zu sein. Sie hat erkannt, dass der Lauf der Dinge einfach das normale Leben ist, das leider nicht immer in geraden Bahnen verläuft. Es ist eben nicht immer so, dass man eine Gerade zu jemandem ziehen kann (= die Gerade, welche Lou so gerne zu Lucas ziehen will).*

Der Kleine Prinz (Antoine de Saint-Exupéry)

SH 62

Siehe hierzu auch das Interview mit Delphine de Vigan im Downloadbereich, in welchem die Autorin über diese Intertextualität spricht.

➲ Aufgaben

1. Bedeutung ‚jemanden zähmen':
   jemanden unter seine Kontrolle bringen, jemanden zahm machen, das Zutrauen/Vertrauen von jemandem gewinnen, sich geborgen fühlen bei jemandem, jemanden lieben zu lernen

   Im Originaltext *Der Kleine Prinz* sagt der Fuchs zum Kleinen Prinzen, dass, wenn er einen Freund haben möchte, er ihn zähmen müsse.

2. Was geht Lou beim Einschlafen durch den Kopf?
   Lou denkt an den Kleinen Prinzen und an die Szene, als der Fuchs den Kleinen Prinzen bittet, ihn zu zähmen. Sie weiß, dass der Fuchs für den Kleinen Prinzen einzigartig ist, weil er ihn gezähmt hat.
   Sie denkt über ihre Freundschaft zu No nach. Sie hat No von der Straße geholt und ihre Eltern haben sie bei sich aufgenommen. Mit dem Einzug von No verändert sich plötzlich ganz vieles in Lous Leben:

   - *Sie kommt Lucas näher.*
   - *Ihre Mutter beginnt, plötzlich wieder aufzuleben; sie erzählt No sogar vom Tod Thaïs'.*
   - *No blüht auf, erzählt nach und nach ihre Lebensgeschichte, findet Arbeit – andererseits verändert sie sich plötzlich auch wieder: Bei der Suche nach ihrer Mutter wird sie einmal mehr abgewiesen; als No ein paar Tage alleine in Paris zurückbleibt, fällt sie in alte Muster zurück: Sie beginnt wieder mehr zu trinken und Medikamente zu schlucken. No findet einen anderen Job, muss nachts arbeiten und zieht sich völlig aus dem Familienleben zurück, während Lous Familie hilflos zusehen muss.*

   Lou spürt, dass sich eine Veränderung anbahnt und da kommt ihr das Zitat mit dem Kleinen Prinzen in den Sinn.

3. *Lou hat keine Freunde und weiß im Grunde genommen gar nicht, wie Freundschaften funktionieren. Sie stellt sich Freundschaft so vor: „Vielleicht […] genügt es, wenn man jemanden findet, den man zähmt." (S. 187, Z. 3–4)*
   - *Der Fuchs wurde vom Kleinen Prinzen gezähmt und somit sein Freund.*
   - *Lou wurde also von No gezähmt und braucht sie, um nicht mehr einsam und alleine zu sein: No ist somit einzigartig für Lou geworden.*

4. Wurde No auch von Lou gezähmt?
   - Einerseits *vertraut No Lou.*
   - Andererseits *aber, stößt sie sie in schwierigen Momenten von sich (so wie ihre Mutter sie immer wieder verstoßen hat).*

Einerseits

Andererseits

Diskussion: Möchte No überhaupt gezähmt werden?

No kann sich nicht näher auf Menschen einlassen (weil sie in ihrer Vergangenheit zu oft enttäuscht wurde und immer wieder verlassen wurde; kaum Zuneigung erfahren hat) und verlässt Lou schließlich (Vielleicht aus Überforderung? Oder weil sie plötzlich Verantwortung für Lou übernehmen muss, da diese jünger ist? Verantwortung, der sie sich nicht gewachsen fühlt?). Es ist das erste Mal in Nos Leben, dass sich jemand wirklich um sich kümmert und sich für sie interessiert; sie weiß daher nicht, wie sie reagieren soll. Vielleicht ist es auch die Angst vor einer Enttäuschung (wie sie sie oft erleben musste mit ihrer Mutter), die dazu führt, dass sie sich nicht „zähmen" lassen kann.

SH 63

Motiv-Girlande

➲ Aufgaben

1. 60-Sekunden-Brainstorming:
Feste, Feiern, Fröhlichsein, Geburtstag, Freunde, Familie, Glück, Party, Raumschmuck, Hochzeit, Weihnachtsbaum, Blumengirlanden, Schmuck, Liebe, bunt, Papier, Herzchen, Dekoration, Blütengirlanden, Straßenfest, Kunst, schmücken, selbermachen, Wimpel, Fußballspiel, Fähnchen usw.

2. *Lou möchte No die Girlande schenken, wenn diese einen richtigen Ort hat, an dem sie sie aufhängen kann; sprich einen festen Wohnsitz. Lou möchte die Hoffnung einfach nicht aufgeben, dass No eines Tages doch noch einen festen Platz in ihrem Leben findet.*

3.

Ein leerer Joghurtbecher	*... aber kein Joghurt mehr drin.*
Eine einsame Socke	*... aber nur „eine" Socke.*
Ein Etui für eine Metro-Dauerkarte	*... aber keine gültige Metro-Karte zum Reinstecken dazu.*
Ein lädierter Korkenzieher	*... aber keine Flasche dazu.*
Ein Prospekt von einem Karate-Club	*... aber kein Geld, um sich anzumelden.*
Ein Netz für Ariel-Waschtabs	*... aber keine Waschmaschine dazu.*
Eine Betty-Boop-Spange	*... aber zu alt für eine kindliche Haarspange.*
Ein 10-RMB-Schein aus China	*... aber nicht in Frankreich gültig.*
Eine leere Schweppes-Dose	*... aber kein Tropfen Schweppes mehr drin.*
Zerknüllte Alufolie	*... aber ohne Inhalt; es gibt auch nichts einzuwickeln.*
Ein Marché-U-Rabattcoupon im Wert von 50 Cent	*... aber kein Geld zum Einkaufen/Einlösen des Coupons.*

Betty Boop, eine Cartoonfigur

4. *Die Girlande spiegelt einerseits Nos Leben: Ihr Leben ist chaotisch und ohne feste Struktur (so wie jeder Gegenstand für etwas Bestimmtes steht, letzten Endes aber nutzlos ist ohne Inhalt, ohne Geld, ohne festen Wohnsitz).*

   Die Girlande zeigt nicht nur die hoffnungslose Lage auf, in der sich No befindet, sondern auch Lous Verzweiflung: No kann ohne Lou nicht überleben. Lou möchte damit auch zum Ausdruck bringen, dass No ohne ihre Hilfe verloren ist.

5. *In der Regel hängt an einer Girlande immer ein und dasselbe Ding, das sich wiederholt: So kritisiert Lou zum Beispiel auch die Girlanden ihrer Eltern (S. 82), die gefühlt seit Jahrhunderten jedes Jahr zu Weihnachten aufgehängt werden und eine Normalität im Leben suggerieren, die es so nicht (mehr) gibt; im normalen Leben nicht und in Lous Leben schon länger nicht mehr.*

Übersicht zu den Schreibanlässen und Schreibaufgaben des Schülerarbeitsheftes

In der folgenden Übersicht sind alle Schreibanlässe und Schreibaufgaben des Schülerarbeitsheftes dargestellt. Die **Schreibanlässe** (im Vergleich zu den Schreibaufgaben sind die Schreibanlässe in Umfang und Inhalt deutlich kürzer!) sollten **begleitend zur Lektüre** bearbeitet werden und machen somit nur Sinn, wenn nicht weiter gelesen wurde als bis zu der genannten Textstelle. **Nach der Lektüre** können die **Schreibaufgaben** bearbeitet werden, die dem Umfang einer Klassenarbeit entsprechen. Den Abschluss des Schülerarbeitsheftes bilden die beiden **übergreifenden Schreibaufgaben**, die ein umfassendes Textverständnis und vor allem Figurensicherheit voraussetzen (Prüfungsniveau). Hierbei wird nicht nur erwartet, dass die Schülerinnen und Schüler den Inhalt und die wichtigsten Thematiken wiedergeben, sondern vielmehr, dass es ihnen gelingt, sich empathisch in Form der schreibenden Person einzubringen.

I. Schreibanlässe (begleitend zur Lektüre)	
1. Lou schreibt abends in ihr Heft	Kapitel 8, S. 57
2. Tagebucheintrag Lou	Kapitel 10, S. 68
3. Innerer Monolog Lou	Kapitel 16, S. 91
4. Ein Gespräch zwischen Lou und ihrem Vater	Kapitel 26, S. 135
5. Brief von Lou an Lucas	Kapitel 31, S. 159
6. No hinterlässt Lou eine Notiz	Kapitel 40, S. 193

II. Schreibaufgaben (nach der Lektüre)	
1. Innerer Monolog Lou	Kapitel 46, S. 217
2. Brief von Lou an Lucas	Kapitel 47, S. 221
3. Ein zusätzliches Kapitel verfassen	Leerstelle zwischen Kapitel 52 und 53

III. Übergreifende Schreibaufgaben (nach der Lektüre)	
1. Brief Lou an ihre Eltern	Kapitel 50, S. 236
2. Tagebucheintrag Lou	am Ende
3. Brief von No an Lou (im Downloadbereich)	am Ende

Lösungshinweise zu den Schreibanlässen und Schreibaufgaben des Schülerarbeitsheftes

Eine ausformulierte Musterlösung und eine Checkliste zu jedem Schreibanlass und jeder Schreibaufgabe stehen Ihnen im **Downloadbereich** zur Verfügung, wo diese bearbeitet und abgeändert werden können. Es geht nicht darum, die Vielzahl an Schreibanlässen und Schreibaufgaben von jedem/r einzelnen Schüler/in bearbeiten zu lassen. Oft genügt es, die Struktur eines bestimmten Schreibanlasses zu durchdenken bzw. die Lösungshilfen zu den Schreibaufgaben zu bearbeiten, die dem jeweiligen Schreibanlass vorangestellt sind. Denkbar wäre auch eine Bearbeitung als Klassenarbeit, die Arbeitsteilung mit einem Partner oder die Erarbeitung in Gruppen mit anschließender Besprechung im Plenum.

Dennoch ist zu empfehlen, dass alle Schülerinnen und Schüler die verschiedensten Anforderungen der einzelnen Schreibaufgaben in ihrer Struktur und Besonderheit kennen. Lassen Sie die Schülerinnen und Schüler auch selbst Schreibanlässe und Leerstellen finden, formulieren und begründen. Dadurch vollziehen sie deren Anforderungen und Intentionen ideal nach.

I. Schreibanlässe begleitend zur Lektüre

Schreibanlass 1 — Kapitel 8 Mitte | S. 57

Lou schreibt abends in ihr Heft

➲ **Aufgabe**

Gedanken Lous:

- *Monsieur Marin: Seine Anforderungen/hohen Erwartungen an das Referat; Respekt, den die Klasse vor ihm hat.*
- *Lucas: Der sich über ihre Mütze lustig gemacht hat und der sie ermutigt, das Referat zu halten.*
- *Ihre Eltern: Die sich darüber beklagen, dass Lou zu spät nach Hause kam.*
- *No: Die nicht auf Tonband aufgenommen werden möchte; die Lou ihre Kumpels von der Straße vorgestellt hat (Roger, Momo, Michel).*
- *Ihre Mutter: Von der sie keine Zärtlichkeiten mehr bekommt seit Thaïs' Tod.*
- *Ihr Vater: Der einen neuen Job hat und wieder etwas Normalität ins Leben bringen möchte, indem er die Wohnung neu streicht.*
- *Roger, Momo, Michel: Ihre Begegnung mit ihnen.*

Zum Nachdenken Blick in die Zukunft: Wovor hat Lou Angst?

- *das anstehende Referat*
- *die weitere Zusammenarbeit mit No*
- *Lucas und wie sich die beiden langsam annähern*
- *die Sorge um ihre Eltern: Der neue Job des Vaters und seine Meinung, dass die Mutter noch Zeit brauche (auch nach vier Jahren noch).*

Schreibanlass 2 — Kapitel 10 | S. 68

Tagebucheintrag Lou

➲ **Aufgaben**

1. Bedeutung „[...] namenlose Angst." (S. 68, Z. 11):
   Es ist ein Angstgefühl, das sich nicht mit Worten beschreiben lässt. Die Angst vor der Verantwortung, die Angst vor der Zukunft, die Angst vor dem Leben? Lou, die nach Wörtern für alles sucht, findet plötzlich kein Wort, um ihre Angst auszudrücken. Sie kann ihre Angst weder in Worte fassen noch in Sätzen beschreiben. Sie weiß nur, dass diese Angst noch größer ist, als die reale Angst, ein Referat halten zu müssen. Lou spürt dieses Angstgefühl und sie ist ein Zeichen der Ungewissheit, die seit Thaïs' Tod über ihrem Leben schwebt. Am liebsten würde sie der Angst einen Namen geben, ein Wort, das sich wie andere Worte ausschneiden und in einem Satz einfügen ließe.

Zum Nachdenken Was bedeutet ‚namenlose Angst' für dich? *Individuelle Lösung*

2. Wovor hat Lou Angst?
   - *No nicht wiederzusehen*
   - *vor Nos ganzer Wahrheit*
   - *dass ihr und No etwas geschieht*
   - *vor der gemeinsamen Zukunft mit No*
   - *vor dem Referat*
   - *vor Weihnachten mit ihrer Familie*
   - ...

SCHREIBANLASS 3 — nach Kapitel 16 | S. 91

Innerer Monolog Lou

➲ Aufgaben

Situation und Verfassung Lous:

Nos Zurückweisung in der Suppenküche: Als Lou No in der Suppenküche ausfindig macht, wird sie von No aggressiv zurückgewiesen: „»Hau ab, Lou, ich sag's dir. Du gehst mir auf den Geist. [...] Das ist nicht dein Leben, verstehst du, das ist nicht dein Leben!«" (S. 91, Z. 7–9)

Reaktion Lous:

Enttäuscht und wütend; sie geht schließlich nach Hause.

ZUM NACHDENKEN

Mögliche Gedanken Lous/Erinnerungen an Vergangenes:

- Die Weihnachtsferien *waren unschön.*
- Lucas *und ihre Gefühle für ihn.* („Vielleicht hat man im Leben eine einzige Chance, [...]." bis „[...] *meine* Chance verpasst.", S. 78, Z. 24–27)
- Nos Veränderungen, *die so offensichtlich sind und ihre Zurückweisung gegenüber Lou.*
- Die Worte der Kioskverkäuferin: („[...], sie lebt nicht in derselben Welt wie du, [...].", S. 73, Z. 1)
- Das Referat und die Worte Monsieur Marins: „Passen Sie bei diesem Interview auf sich auf." (S. 12, Z. 3)

Mögliche Gedanken Lous über die Zukunft:

- No – Hoffnung: *No bald wiederzusehen, auch um sich bei ihr zu bedanken für ihre Hilfe beim Referat.*
- No – Angst und Sorge: *Um No und ihre Veränderung.*
- Lucas – Vorfreude: *Auf das Wiedersehen nach den Ferien.*

SCHREIBANLASS 4 — Kapitel 26 | S. 135

Ein Gespräch zwischen Lou und ihrem Vater

➲ Aufgaben

Situation/Verfassung Lous und ihres Vater:

- Lou: *Sie bemerkt die Veränderungen ihrer Mutter seit No bei ihnen ist; aber auch das Aufblühen und das veränderte Verhalten Nos, die plötzlich von sich und ihrer Vergangenheit erzählt.*
- Vater: *Er ist immer noch verblüfft, dass seine Frau dem Einzug Nos zugestimmt hat und freut sich, dass es ihr offensichtlich so viel besser geht und sie wieder am Leben teilnimmt. Gleichzeitig hat er Angst davor, dass es nicht von Dauer sein könnte.*

Wie fühlt sich Lou?

- Lou denkt an *ihre Mutter und daran, dass sie plötzlich wieder am Leben teilnimmt; und an ihren Vater und seinen sorgenvollen Blick.*
- Lou ist wütend auf *ihre Mutter, die plötzlich so viel Zeit mit No verbringt.*
- Lou hat Angst davor, *dass No ihr Vertrauen missbrauchen könnte, weil diese sich ständig vergewissert, ob Lou ihr vertraue.*
- Lou befürchtet, *dass No und ihre Mutter noch enger zusammenrücken.*
- Lou hat No gegenüber *Eifersuchtsgefühle.*

Schreibanlass 5 — Kapitel 31 | S. 159

Brief von Lou an Lucas

➲ **Aufgaben**

Vorüberlegungen

- Lou bringt es nicht übers Herz, *Lucas zu sagen, warum sie so wütend ist.*
- Lucas versucht Lou schließlich aufzuheitern, *indem er ihr sein Geheimnis verrät.*

Gefühlslage Lous

Lou ist voller Zorn. Was hat sie so wütend gemacht?

- *dass ihre Mutter No gegenüber von Thaïs sprach*
- *dass das ein Geheimnis bleiben sollte (siehe Zitat S. 156, Z. 22–14)*

Was möchte Lou Lucas in ihrem Brief mitteilen?

Lou möchte Lucas in ihrem Brief mitteilen, warum sie so wütend ist, es fällt ihr aber schwer, darüber zu sprechen: Sie fühlt sich von ihren Eltern ungeliebt.

In welchem inneren Konflikt könnte Lou stecken?

Entweder sie teilt ihm ihr Geheimnis mit und berichtet vom Tod ihrer kleinen Schwester oder sie behält es für sich: „Manche Geheimnisse sind wie Fossilien, und der Stein ist zu schwer geworden, als dass man ihn noch umdrehen könnte. Voilà." (S. 156, Z. 22–24)

Mögliche Textstellen, die mit einbezogen werden können:

- *S. 154-159: als die Mutter das Geheimnis um Thaïs lüftet:*
  - ¬ *Lou steht an dem Morgen nicht auf, um No, wie sonst immer, noch kurz vor der Arbeit zu sehen.*
  - ¬ *In der Mensaschlange denkt Lou an ihre Mutter, „[...] an ihre Stimme, die nicht mehr nur flüstert." (S. 157, Z. 23–24)*
- *S. 158, Z. 20–21: „»Glaubst du, dass es Eltern gibt, die ihre Kinder nicht lieben?«" (Lou zu Lucas)*
  Was meint sie damit?
  - ¬ *Die Liebe von Nos Eltern und die Liebe der eigenen Mutter*
    → *es geht der Mutter augenmerklich besser, sie nimmt wieder am gesellschaftlichen Leben teil und trotzdem ist Lou unglücklich? Warum?*
- *S. 158, Z. 7–12, Lucas zu Lou: „»Weißt du, Krümel, jeder hat seine Geheimnisse. Und manche müssen unten bleiben, da wo man sie versteckt hat. Aber ich kann dir mein Geheimnis sagen: Wenn du groß bist, werde ich dich an einen Ort mitnehmen, an dem die Musik so schön ist, dass man auf der Straße tanzt.«"*

Schreibanlass 6 — Kapitel 40 | S. 193

No hinterlässt Lou eine Notiz

Worüber könnte No schreiben?

- *den Besuch bei ihrer Mutter und die erneute Ablehnung*
- *die Abwesenheit der Familie*
- *den neuen Job: nachts arbeiten, um die Gäste kümmern, dafür besser bezahlt*

II. Schreibaufgaben nach der Lektüre

Schreibaufgabe 1 — Kapitel 46 | S. 217 Mitte

Innerer Monolog Lou

Gedanken Lous:

- *Gedanken an die bevorstehende Party*
- *Liebe zu Lucas („[...], er liebt mich, aber er weiß es nicht.“ S. 209, Z. 16)*
- *Sorgen um No („[...], wir schaffen es nicht, [...].“, Lucas' Worte, S. 207, Z. 17–18)*
- *das „neue“ Leben ihrer Eltern*
- *Vergleich Panzer/Schale → Nacktschnecke*

Schreibaufgabe 2 — Kapitel 47 | S. 221

Brief von Lou an Lucas

Mit einzubeziehende Zitate:

- *„Maman liebt mich nicht.“ (S. 223, Z. 4)*
- *„Genau das ist DIE Frage: Was ist los? [...] Was läuft schief?“ (S. 221, Z. 22–24)*
- *Es kommt plötzlich alles aus Lou heraus: das gestörte Verhältnis zu ihrer Mutter, die Liebe und Aufmerksamkeit, die sie nie bekommen hat.*
  „»Seit Thaïs tot ist, liebt Maman mich nicht mehr.«“ (S. 223, Z. 8)
  → Lucas erfährt in diesem Brief zum ersten Mal von Thaïs' Tod.

Schreibaufgabe 3 — Leerstelle zwischen Kapitel 52 und 53 | S. 247 f.

Ein zusätzliches Kapitel verfassen

Mögliche Inhalte:

- *ein offenes Gespräch mit ihren Eltern*
- *Lucas und Lou überlegen, wie sie weiter vorgehen könnten, um No zu suchen: Plan, Geneviève aufzusuchen.*

III. Übergreifende Schreibaufgaben nach der Lektüre

Übergreifende Schreibaufgabe 1 — Kapitel 50 | S. 236, Mitte

Brief von Lou an ihre Eltern

Übergreifende Schreibaufgabe 2 — am Ende | nach der letzten Seite

Tagebucheintrag Lou

Wie funktioniert der Downloadbereich?

Scannen Sie den QR-Code, um direkt zum Downloadbereich zu gelangen.

Oder geben Sie zum Download folgende Adresse in das Adressfeld Ihres Browsers ein:

kugverlag.de/nodownlad

Das ist Ihr Passwort:

LHNO2019!

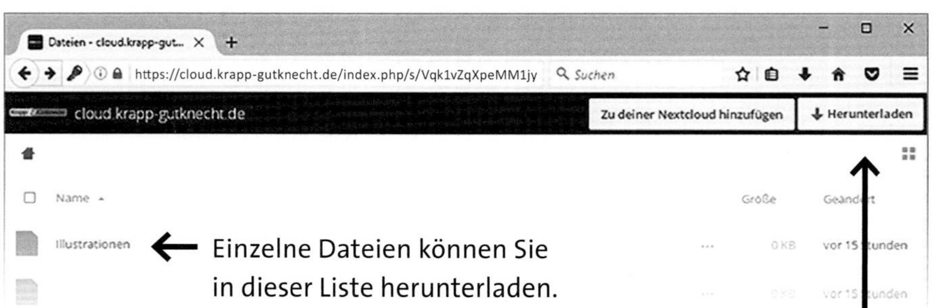

Einzelne Dateien können Sie in dieser Liste herunterladen.

Wir empfehlen Ihnen, den kompletten Inhalt auf der Festplatte zu speichern, so haben Sie auch offline alle Begleitmaterialien zur Verfügung.

Klicken Sie auf HERUNTERLADEN, **ohne** einen Ordner zu öffnen.

Der Gesamtinhalt wird damit auf der Festplatte im Ordner Download abgespeichert.